Waltraud Steinlechner
Pferdeeisenbahn-Wanderweg

Ein Projekt der Mühlviertel Touristik GmbH, 4040 Linz, Blütenstraße 8.

ZEICHENERKLÄRUNG

P Parkplatz
Ⓗ Bushaltestelle
Gasthaus
Wirt im Pferdeeisenbahnland
Museum
Sehenswertes
Rastplatz
E7 Erlebnisstation
Viadukt (Durchlass), Brückenwiderlager
Gedenkstein, Wachthaus

ehemalige Pferdeeisenbahntrasse
Pferdeeisenbahnwanderweg

[ ] ... Relikt-Nummer
(E) ... Nummer des Erlebnispfades bei Etappe 8

Die Deutsche Bibliothek – CIP-Einheitsaufnahme
Steinlechner, Waltraud:
Pferdeeisenbahn-Wanderweg: Von Bujanov nach Linz/Waltraud Steinlechner. ·
1. Aufl.. – St. Pölten; Wien: NP-Buchverl., 2000

1. Auflage 2000

Umschlagmotiv: Luxuswagen Hannibal
Layout und Einbandgestaltung: Werbebüro G. Linecker, 4100 Ottensheim

Gesamtherstellung:
Niederösterreichisches Pressehaus
Druck- und Verlagsgesellschaft mbH
A-3100 St. Pölten, Gutenbergstraße 12

ISBN 3-85326-161-2

Waltraud Steinlechner

Pferdeeisenbahn-Wanderweg

Von Bujanov nach Linz

NP Buchverlag

Inhalt

„Wie angenehm lässt es sich doch mit so einer Schienenbahn reisen! Kein Rumpeln, kein Stoßen – man gleitet dahin wie im Himmel!"

Das schrieb ein Fahrgast der Pferdeeisenbahn am 7. September 1833 in sein Tagebuch, in dem er die Reise von Urfahr nach Budweis festhielt. Die Pferdeeisenbahn Budweis—Linz—Gmunden, einst errichtet um das Salz aus dem Salzkammergut in die böhmischen Ländereien des Kaiserreichs zu transportieren, stellt eine wahre Pionierleistung in der europäischen Verkehrsgeschichte dar. Während der Bauzeit beinahe von der rasanten technischen Entwicklung des Eisenbahnwesens eingeholt, nach der Einstellung des Betriebes in einen Dornröschenschlaf versunken, macht sie seit einigen Jahren wieder auf sich aufmerksam. Zahlreiche Relikte wurden saniert, einige wieder errichtet und manche unter Denkmalschutz gestellt. Beim Scheitelbahnhof Kerschbaum wurde eine Museumsbahn errichtet.

Seit heuer ist auch die Strecke vom böhmischen Bujanov/Angern längs durchs Mühlviertel bis Linz – zum Großteil direkt auf der historischen Trasse – durch einen Wanderweg erschlossen. Der Weg zeichnet sich aus durch eine verhältnismäßig ebene Trassenführung. Was ihn zu einem außergewöhnlichen Erlebnis macht, das ist seine Geschichte und deren Zeugen, die sich dem Wanderer zahlreich darbieten. Wer den Spuren der Pferdeeisenbahn über Brücken, Viadukte, Dämme und Einschnitte folgt, wird ein wenig das Gefühl der Reisenden von einst erahnen können.

Dieses Wanderbuch bietet eine genaue Streckenbeschreibung, zahlreiche Hintergrundinformationen und eine Wanderkarte mit genauer Auflistung der wichtigsten bautechnischen Relikte am Wanderweg. Technische Daten, sozialgeschichtliche Hintergründe und aufschlussreiche Anekdoten liefern spannende Informationen.

Dieses Buch ist all denjenigen gewidmet, die gerne auf Spurensuche gehen – und natürlich allen, die einfach nur wandern wollen und Erholung suchen im schönen Mühlviertel.

1982, zum 150-Jahr-Jubiläum der Pferdeeisenbahn, wurde in Zusammenarbeit einiger Mühlviertler Gemeinden ein erster Abschnitt des Pferdeeisenbahn-Wanderweges eröffnet: ein 42 km langer Wanderweg von Leopoldschlag bis Unterweitersdorf unter weitgehender Ausnützung bestehender Trassenreste. Da das Wandern auf dieser Strecke immer beliebter wurde, hat sich die Tourismusregion Mühlviertel 1999/2000 dazu entschlossen, den Wanderweg in Tschechien bis Bujanov und in Oberösterreich bis Linz fortzusetzen. Die Markierungsarbeiten für die neue, 76 km lange Strecke wurden im April 2000 abgeschlossen, der Weg wird offiziell im Herbst 2000 eröffnet.

Der Pferdeeisenbahn-Wanderweg bietet das ganze Jahr über eine gute Möglichkeit, sich auf ganz besondere Art und Weise mit der ersten öffentlichen Eisenbahn des europäischen Kontinents auseinanderzusetzen. Und vor allem lädt er ein, die bezaubernde Mühlviertler Landschaft zu genießen.

Zu jeder Jahreszeit hat dieser Weg einen besonderen Reiz. Im Frühling, wenn die Blätter erst zu sprießen beginnen und die Relikte noch nicht von Gras und Gesträuch verdeckt werden, ist eine gute Zeit für die Spurensuche. Im Sommer bieten die zahlreichen Waldstücke an der Pferdeeisenbahn kühlenden Schatten, im Herbst bezaubert der herrliche Mischwald durch sein Farbenspiel. Und selbst im Winter ist der Weg zu empfehlen. Ob auf Langlaufschiern oder mit Schneeschuhen, der ebene Weg lädt zu abwechslungsreichen Winterwanderungen ein.

Da der Wanderweg streckenweise durch unbesiedeltes Gebiet führt, sollte man auf Getränke nicht vergessen.

Der Weg ist mit **gelber Farbe** und **gelben Orientierungstafeln** mit dem Symbol der Pferdeeisenbahn gut durchmarkiert. Von Bujanov bis Linz wurden bei freistehenden Markierungen die Tafeln großteils auf **rotweißroten Pflöcken** befestigt. Der Weg wurde so durchmarkiert, dass man im Prinzip sowohl von Bujanov Richtung Linz als auch von Linz Richtung Bujanov gehen kann. An markanten Stellen bieten **große Orientierungstafeln** mit Karte und Standort einen guten Überblick. Die dem Wanderbuch beiliegende Karte und eine Auflistung und Kurzbeschreibung der wichtigsten noch existierenden Relikte sollen die Spurensuche erleichtern. Das Buch ist in **Etappen** aufgebaut, sodass dem Wanderer verschiedene Varianten der Begehung möglich sind. Die Streckenlängen sind so gewählt, dass für eine Etappe im Schnitt mit 1 1/2 bis 2 1/2 Stunden Gehzeit zu rechnen ist. Damit ist jede Möglichkeit, von **Halbtages-, Tages- bis zur mehrtägigen Wanderung,** gegeben. Für mehrtägige Wanderungen können Sie in der **Mühlviertel Touristik GmbH** (Info Seite 10) Quartiere buchen. Der „Wirt im Pferdeeisenbahnland" **Gasthof Mader** (Info Seite 77) bietet ebenfalls Mehrtagespackages mit Wanderungen am Pferdeeisenbahn-Wanderweg an. Informationen zu öffentlichen Verkehrsmitteln und zu den an der Strecke liegenden Gemeinden finden Sie im Anhang (Seite 74).

Im Folgenden werden die einzelnen Teilabschnitte von Bujanov aus bis Linz beschrieben.

Anreise mit dem Auto:

Sie fahren über die Mühlkreisautobahn und anschließend über die B125 in diese Region.

Anreise mit der Bahn:

Allgemeine Zugsauskunft: 0732/1717.
Summerauer Bahn vom Linzer Hauptbahnhof über Lest nach Freistadt und Summerau. Weiter bis Rybník und Bujanov mit Regionalzug über Horný Dvořiště. Relativ gute Fahrverbindungen. Landschaftlich sehr schöne Strecke. Strecke Rybník bis Bujanov großteils auf historischer Trasse. Fahrzeit Linz—Rybník ca. 1 1/2 Stunden, mit Anschlusswartezeiten ca. 2 Stunden. In Tschechien kann man Fahrkarten auch in der Bahn kaufen, manchmal ist der Schalter unbesetzt.

Anreise mit dem Bus:

Fahrplanauskunft: Tel.: 0732/617181 oder 01/71101. Speziell für den Raum Freistadt: 07942/72006.
Linz—Gallneukirchen—Engerwitzdorf—Unterweitersdorf—Neumarkt—Lest—Freistadt und Freistadt—Rainbach mehrmals täglich sehr gute Verbindungen. Fahrten mit Bundesbus im Raum Rainbach und Leopoldschlag eher schwierig, da diese Busverbindungen für Wanderer zu ungünstigen Zeiten verkehren. Fahrplan bitte genau studieren!

Alternative/Sonderservice:

Wichtig speziell bei Etappe 3 und 4: Wer in Kerschbaum im Gasthaus „Zur Pferdeeisenbahn" speist, wird von den Wirtsleuten gratis abgeholt bzw. zum Auto/Zug gebracht! Tel.: 07949/6322.

Taxi:

Eine weitere Möglichkeit. Die Kosten Summerau—Kerschbaum oder Leopoldschlag betragen ca. öS 110,– pro Fahrt bis acht Personen. Also für Gruppen sehr günstig! Tel.: 07949/6100 oder (vor allem Sa, So) 0664/1037136.

Ein merk-würdiges Land.

Mühlviertel Touristik GmbH:

4040 Linz, Blütenstraße 8, Tel.: 0732/735020, Fax 712400;
e-mail: muehlviertel@upperaustria.or.at;
Internet: http://www.tiscover.com/muehlviertel.

Spezialisten geben jede touristische Auskunft übers Mühlviertel, die Sie benötigen. Tipp: Interessante buchbare Angebote. Besonders beliebt sind die Kombinationsangebote Pferdeeisenbahn/-Bierreise.

Auch Rückmeldungen zum touristischen Angebot sind erwünscht, denn mit Ihrer Hilfe kann dieses auch verbessert werden.

Mühlviertler Kernland:

Hauptplatz 14, A-4240 Freistadt, Tel.: 07942/75700, Fax: 75700-20
e-mail: info.kernland@netway.at,
Internet: http://www.tiscover.com/kernland

„Wirte im Pferdeeisenbahnland":

Tourismusverband Mühlviertler Kernland, s.o.

Pferdeeisenbahn Kerschbaum:

Gasthaus und Museum, Kerschbaum 61, A-4261 Rainbach im Mühlkreis. Tel.: 07949/6800.
Internet: http://www.pferdeeisenbahn.at

Geöffnet: Mai–Oktober: Sa, So und Feiertags von 10–16 Uhr. Juli/August täglich von 14–16 Uhr, Gruppen ab 15 Personen jederzeit nach telefonischer Vereinbarung. An den 4 Adventsonntagen Adventfahrten und Adventmarkt.

Pferdeeisenbahnmuseum Bujanov/Angern:

Geöffnet Sa, So 9–12 und 13–16 Uhr. Besuche und deutschsprachige Führungen sind nach telefonischer Vereinbarung jederzeit möglich. Gemeindeamt Bujanov: Tel.: 0042-0336-327054.

Warnung.

Obschon die Eisenbahn nicht die Bestimmung hat, zu einem Spaziergang zu dienen, indem sie allein zu dem Zweck erbaut ist, Personen und Waaren mit ihren Wägen darauf zu führen, so will man doch Niemand des Vergnügens berauben, auf der Bahn spazieren gehen zu dürfen; man findet aber für nothwendig, da weder Wagen noch Pferde die Bahn verlassen können, Jedermann zu ersuchen, denselben zur rechter Zeit auszuweichen, bei Begegnung der Stell- und Transportwägen sich von der Bahn zu entfernen, und den Transport ruhig vorbeiziehen zu lassen. Insbesondere werden Eltern darauf aufmerksam gemacht, ihren Kindern das Nachlaufen und Besteigen der vorbeifahrenden Eisenbahnwägen strenge zu untersagen, weil die Eisenbahn-Unternehmung sich gegen jede Verantwortlichkeit verwahrt, wenn durch Nichtbeachtung dieser Vorschrift und demnach durch eigene Schuld irgend Jemand sich ein Unglück zuziehen sollte.

Das Fahren mit Wägen und Schubkarren, das Reiten und Viehtreiben auf der Eisenbahn und innerhalb der Grenzen derselben wird hiermit allen nicht zu Arbeiten an der Bahn Berufenen untersagt, und Jedermann bedeutet, sich zur Vermeidung von Unannehmlichkeiten an der Uebersetzung der Bahn nur der ämtlich bestimmten Ueberfahrtswege zu bedienen.

Von der Local-Direction
der k. k. privil.
ersten Eisenbahn-Gesellschaft.

Druck von Gurich in Graz.

Warnung zur Vorsicht im Bahnbereich.
Schon bald entwickelte sich die Pferdeeisenbahn-Trasse zu einem beliebten Spazierweg – was nicht ganz ungefährlich war!

Spurensuche in Südböhmen

Bujanov bis Rybník

*Besonders attraktiv ist diese Etappe in Kombination mit einer kurzen **Zugsfahrt von Rybník nach Bujanov** auf der ursprünglichen Trasse.*

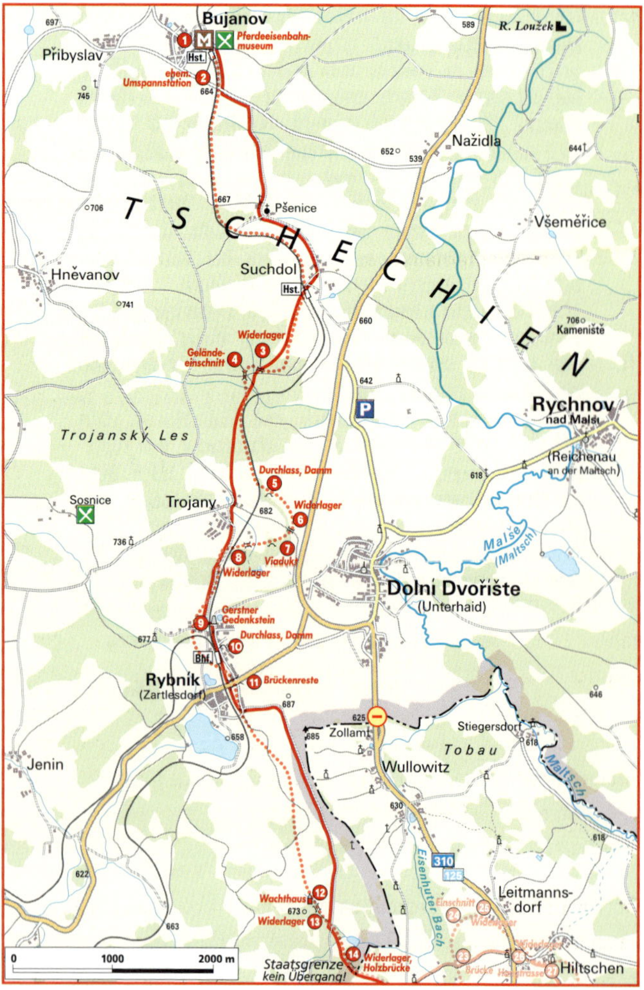

Gehzeit: 2 Stunden, 10 km

➡ Anreise mit PKW:

A7, B310 bis Grenze Wullowitz, nach der Grenze erste Abzweigung links nach Rybník, Bahnhof. Mit der Eisenbahn nach Bujanov (Kosten ca. 8 Kronen) Der Zug hält hier etwa sechs Mal am Tag.

➡ Anreise mit öffentlichen Verkehrsmitteln:

Am besten mit der Bahn nach Bujanov. Rückfahrt von Rybník.

➡ Tipp am Weg:

In Bujanov befindet sich im ehemaligen Wächterhäuschen neben dem sehr gut erhaltenen Stationsgebäude ein kleines Pferdeeisenbahnmuseum. Geöffnet Sa, So 9–12 und 13–16 Uhr. Besuche und deutschsprachige Führungen sind nach telefonischer Vereinbarung jederzeit möglich. Gemeindeamt Bujanov, Tel.: 0042-0336-327054. Der Bahnhof Rybník ist eine wahre Fundgrube für Eisenbahnfreaks. Zahlreiche alte Loks und Waggons stehen hier herum. Sie sind zum Teil ausrangiert, aber manche befinden sich auch noch im Einsatz.

➡ Thema:

Nordrampe

➡ Einkehr:

Gasthaus in Bujanov, in Rybník keine Möglichkeit in Bahnhofsnähe. Daher speziell für Bahnreisende der Tipp: Rucksack füllen! Für alle, die mit dem Auto unterwegs sind, gibt's im Umkreis von Rybník gute Gasthäuser. Besonders idyllisch gelegen ist der **Reiterhof Kaliste**, der gleich vom Bahnhof aus gut mittels gelber Hinweisschilder zu finden ist (ca. 4 km). Unbedingt Powidltatschkerl probieren! Ist auch für Nächtigung zu empfehlen. Tel.: 0042-0336-324 292. (Es wird Deutsch gesprochen.)

➡ Wegbeschaffenheit:

Großteils unasphaltierte Güter-, Wald- und Wiesenwege, teilweise nicht sehr gepflegt, daher gutes Schuhwerk speziell bei feuchtem Wetter zu empfehlen. Weg führt durch schöne Mischwälder aus Birken, Föhren, Fichten und Tannen. Landschaftlich sehr reizvoll!

Ein Besuch im **Pferdeeisenbahnmuseum** im ehemaligen Wachthäuschen [1] lohnt sich, deutschsprachige Führungen werden angeboten. Da die Anreise durch Bujanov etwas kompliziert ist und die Hinweisschilder nicht immer leicht zu entdecken sind, hält man am besten Ausschau nach dem markanten zweigeschoßigen, bis heute tadellos erhalten gebliebenen **Pferdeeisenbahn-Stationsgebäude Bujanov/Angern** [2]. In unmittelbarer Nähe befindet sich das Museum.

Pferdeeisenbahn-Museum im ehemaligen Wachthaus in Bujanov [1]

Der Ausgangspunkt ist das Wartehäuschen der **Bahnstation Bujanov.** Hier queren wir die Geleise und wandern den geschotterten Feldweg entlang, der parallel zu den Geleisen führt. Nach ca. 200 m kreuzen die Geleise eine Straße, hier verlassen wir den kleinen Feldweg und gehen links die asphaltierte Straße weiter. Nach ca. 100 m, dort wo die Straße in einen Wald führt, zweigen wir nach rechts in den Feldweg ein. Wir wandern am Waldrand des Birken-Kiefern-Mischwaldes entlang und kommen in ein weites Ackerfeld. Der Feldweg quert diesen Acker zuerst leicht aufwärts und nach kurzer Zeit geht's wieder leicht bergab. Wir kommen an einem idyllisch gelegenen Wohnhaus vorbei, der Weg macht nun eine Linksbiegung. Wir sind im kleinen Weiler Psenice, folgen weiter diesem Weg nach links und erreichen zwei herr-

liche uralte Birken. Links im Feld sehen wir einen großen Bauernhof, ein ungefasstes Bächlein begleitet den Güterweg. Wir gelangen in die winzige Ortschaft Suchdol.
Hier wird man vom Geschnatter der Gänse und von laut bellenden Hunden begrüßt. Wir durchwandern den Weiler, kommen an einen kleinen Fischteich und biegen hier von der Straße nach rechts ins Feld hinein ab und wandern zum Bahndamm hinauf. Achtung: Dieser Feldweg ist zur nassen Jahreszeit sehr matschig und die Markierung ist hier leicht zu übersehen! Wir passieren den Bahndamm bei der Schrankenanlage neben der **Haltestelle Psenice.** Die Schranken sind übrigens fast immer geschlossen, daher führt ein Fußpfad an der Anlage vorbei. Wir halten uns links und biegen nach wenigen Metern rechts in den Feldweg ein.
Der Feldweg führt am Rande eines Ackers entlang. Bemerkenswert sind die fahrbaren Jägerhochstände mit großen Gummirädern, die man hin und wieder in den Feldern sieht. Ungewohnt für uns sind auch die alten landwirtschaftlichen Maschinen und Geräte, die immer wieder am Wegesrand oder in den Feldern umherstehen. Von dem Feldweg aus hat man einen herrlichen weiten Blick ins obere Mühlviertel. Die Kirche von Reichenau und die **Wallfahrtskirche Maria Schnee** sind von hier aus gut zu sehen. Am Ende des Feldes mündet der Weg in einen Mischwald aus Birken, Fichten und Föhren. Bei der nächsten Abzweigung halten wir uns rechts. Der Mischwald geht nun in einen Föhrenwald über, wir wandern leicht aufwärts. Bei der nächsten Gabelung folgen wir dem rechten Weg abwärts. Kurz bevor der Weg eben weitergeht, führt er uns in einer Linkskurve an **zwei Widerlagern** [3] der historischen Pferdeeisenbahn vorbei. Sehr schön kann man hier die Schiefersteine in der Mauer erkennen, die zur Konstruktion verwendet wurden. Die Widerlager der Brücken im Mühlviertel bestanden aus Granit und sehen daher ganz anders aus. Zum Bau der Pferdeeisenbahn wurde immer das Material, das vor Ort vorhanden war, verwendet.
Wenn wir ein Stück weitergehen und uns umdrehen, erkennen wir sehr gut den **Damm der Pferdeeisenbahn** links und rechts der Widerlager in den Wald hinein verlaufen. Die Pferdeeisenbahn machte hier früher eine weite Schleife. Wir folgen dem Weg weiter

durch den Wald. Auffallend sind die Bächlein, die sich unbegradigt durch den Waldboden schlängeln. In der nächsten Linkskurve könnten Sie erschrecken, nämlich dann, wenn kaum 30 m entfernt ein Zug vorbeifährt. Hier führt die heutige Bahntrasse entlang.
Ein Stück weiter kommen wir über einen **Geländeeinschnitt** [4], die ehemalige Trasse der Pferdeeisenbahn. Nun führt der Weg wieder aus dem Wald hinaus an einem weiten Feld entlang. Wir gelangen zu einigen Häusern und zu einem Fischteich. Hier kann man einen ca. fünfminütigen Abstecher zu einem weiteren **gut erhaltenen Widerlager** machen. Dazu nimmt man den Weg scharf links an den Häusern vorbei ins Feld hinein, über die kleine Eisenbrücke über die Bahn. Oben im Feld angekommen sieht man ca. 100 m links unten neben dem heutigen Bahndamm zwei Viadukte [5] und den Damm der Pferdeeisenbahn quer ins Feld hineinlaufen. Wir folgen dem alten asphaltierten Weglein durchs Feld hinab und erreichen nach ca. 150 m die gut erhaltenen Widerlager [6] einer ehemaligen Brücke der Pferdeeisenbahn.

Widerlager einer ehemaligen Bahnbrücke an der heutigen Staatsgrenze Österreich-Tschechien. [14]

Wir gehen den Weg wieder zurück bis zum Fischteich und folgen der Straße den Hang hinauf. Nun kommen wir an einer ehemaligen Kolchose vorbei, die heute in Privatbesitz ist. Hier wird Rinderzucht betrieben. Beeindruckend sind die **großen Rinderherden** – sie bestehen oft aus einigen hundert Stieren, Kühen und Kälbern –, die in den Feldern weiden. Wenn die abwärts führende Straße auf der Höhe der Bahngeleise ankommt, können Sie links im Feld wieder sehr gut den Verlauf des Pferdeeisenbahndammes erkennen. Man sieht auch die Widerlager [8] einer mächtigen, ehemals **10 m hohen Brücke.** Zu diesem Relikt kann man aber nur querfeldein gelangen. Wir wandern nun weiter immer der Straße entlang bis zum **Bahnhof Rybník.**

Vom Scheitelpunkt der Straße aus hat man abermals einen wunderschönen Fernblick. Links unter uns sehen wir nochmals zwei ehemalige Kolchosen.

Am Bahnhof Rybník befindet sich ein **Gedenkstein** [9], der an Franz Josef Gerstner, den Erbauer der historischen Pferdeeisenbahn, erinnert. Im Bahnhofsareal ist noch der **Damm und ein Durchlass** gut sichtbar.

Von Rybník aus kann man nun noch ca. drei Kilometer den Spuren der historischen Pferdeeisenbahn bis zur Staatsgrenze folgen (kein Grenzübertritt möglich!). Der Weg ist zwar beschildert, wird aber nicht gewartet. Mannshohes Brennnesselgestrüpp kann den Weg überwuchern, daher nur für Abenteuerhungrige zu empfehlen. Zu sehen gibt's zwei sehr gut erhaltene Widerlager, Dammreste und Durchlässe [10–14].

Die Nordrampe

Als Nordrampe bezeichnet man die Strecke zwischen Budweis und Kerschbaum. Dieser Abschnitt wurde von F. A. v. Gerstner geplant und umgesetzt. Seine Baugrundsätze waren sehr weitblickend, da er immer schon eine zukünftige Nutzung der Strecke mit Dampflokomotiven mitbedachte. In möglichst gleichmäßiger Steigung und großzügiger Trassierung durch weite Kurvenradien wollte er das Mühlviertel überqueren. Nach Kostenüberschreitungen und Zerwürfnissen mit seinen Ingenieuren wurde Gerstner schließlich die Bauleitung entzogen. Die Südrampe wurde von seinem Bauleiter, Ing. Schönerer, weitergebaut. Nach der Umstellung des Fahrbetriebes auf die Dampflokomotive konnte die Trassierung der Nordrampe zum größten Teil beibehalten werden, daher führt auch die heutige Bahnstrecke in Tschechien von Rybnik bis Budweis fast zur Gänze auf der historischen Trasse der Pferdeeisenbahn. Die Trassierung der Südrampe war auf Grund der zu engen Kurvenradien für die Dampfeisenbahn nicht geeignet.

Rundwanderweg zur Doppelschleife

Leopoldschlag Dorf—Eisenhut—Leopoldschlag Dorf

*Dieser Streckenabschnitt ist der **bautechnisch bemerkenswerteste Teil** der gesamten Pferdeeisenbahntrasse. Auch heute sind hier noch besonders viele, sehr unterschiedliche Relikte gut erhalten. Dieser Abschnitt zeigt sehr klar die Baugrundsätze Gerstners. Er strebte eine möglichst gleichmäßige Steigung und großzügige Trassierung an. So kam es hier zu dieser 8 km langen Doppelschleife. Dieser Abschnitt mit 18 Brücken und Durchlässen, den hohen Bahndämmen und tiefen Einschnitten war in der damaligen Zeit eine technische Meisterleistung.*

2 Leopoldschlag Dorf—Eisenhut—Leopoldschlag Dorf

Gehzeit: 1 1/2 Stunden, 6 km

➡ **Anreise mit PKW:**
A7, B310 bis Gasthaus Magerl, Parkplätze vorhanden. Rückfahrt siehe „Anreise mit öffentlichen Verkehrsmitteln".

➡ **Anreise mit öffentlichen Verkehrsmitteln:**
Bundesbus bis Haltestelle Magerl, doch sehr schlechte Busverbindungen.

➡ **Alternative/Sonderservice:**
Wer in Kerschbaum im „Gasthaus zur Pferdeeisenbahn" speist, wird von den Wirtsleuten gratis abgeholt bzw. zum Auto/Zug gebracht!
Tel.: 07949/6322.

➡ **Taxi Hörbst:** Eine weitere Möglichkeit. Kosten Summerau—Kerschbaum oder Leopoldschlag: ca. öS 110,– pro Fahrt bis acht Personen. Also für Gruppen sehr günstig! Tel.: 07949/6100 oder 0664/1037136.

➡ **Tipp am Weg:**
Ca. 50 m vom Gasthof Magerl in Richtung Freistadt beeindruckt ein hydrographisches Denkmal zur kontinentalen Wasserscheide zwischen Nordsee und Schwarzem Meer.

➡ **Thema:**
Kunstbauten/Brücken

➡ **Einkehr:**
Gasthaus Magerl, Dorf Leopoldschlag am Ausgangspunkt. Kein Ruhetag.

➡ **Wegbeschaffenheit:**
Gut markierte Wald-, Wiesen- und Feldwege.

Die Rundwanderung beginnt in Leopoldschlag Dorf, beim **Gasthaus Magerl,** direkt an der Prager Bundesstraße. Wir verlassen den Ort auf dem gelb markierten Wanderweg Richtung Westen. Ein Feldweg führt uns in Richtung **Eisenhut.** Wir wandern hinab zum Eisenhuter Bach und sehen nach kurzer Zeit die mächtigen Widerlager der **großen Edlbrucker Brücke** [20]. Diese liegt zwar nicht direkt am Wanderweg, der kleine Abstecher lohnt sich jedoch. 1985 wurde diese Holzbrücke mühevoll rekonstruiert, hielt jedoch leider nur ca. 10 Jahre und musste in den vergangenen Jahren geschlossen bzw. abgetragen werden. Durch einen Einschnitt geht es dann weiter zur **kleinen Edlbrucker Brücke** [19]. Diese wurde 1984 rekonstruiert und ist heute eines der markantesten bautechnischen Relikte am Pferdeeisenbahnwanderweg.

Kunstbauten/Brücken

Wegen des hügeligen Charakters des Mühlviertels waren zahlreiche Brücken notwendig, um eine Trassenführung mit möglichst gleichmäßiger Steigung gewährleisten zu können. So gab es auf der Gesamtstrecke **1066 Brücken und Durchlässe!** Davon waren 214 Holzbrücken, 268 gewölbte Steinbrücken und 584 kleinere Durchlässe. Bautechnisch besonders beeindruckend waren etwa die 406 m lange Holzbrücke über den Krummauer Teich, die 22,7 m lange Holzbrücke über die große Edlbrucker Schlucht, die zweibogige, steinerne, 15,8 m lange Brücke über den Kronbach, die große steinerne Haselgrabenbrücke mit vier Bogen zu jeweils 5,7 m, die hölzerne Traunbrücke bei Lambach mit 6 Pfeilern und einer Länge von 106 m. Die bedeutendsten Dammbauten waren der Strodenitzer Damm südlich von Budweis mit 2,8 km Länge und einer Höhe von 9,5 m und der Zwickauer Damm mit einer Länge von 1,7 km und einer Höhe von 10,5 m.

Von der Brücke aus erkennt man sehr schön den weiterführenden Einschnitt der ehemaligen Bahntrasse als Schneise im angrenzenden Wald. Wir überqueren die Brücke und halten uns am Güterweg nordwärts in die Ortschaft Eisenhut. Wir wandern in den Ort hinein, die Originaltrasse führte hier geradeaus weiter über die Grenze ins böhmische Zartlesdorf/Rybník, wo sich einst die von Budweis 50 km entfernte Mittelstation befand. Die Trasse überschreitet auf einem niedrigen Damm mit **zwei gut erhaltenen Widerlagern die Grenze** [14] (kein Grenzübertritt möglich!). Ein Abstecher bis zur Grenze dauert eine Viertelstunde und ist zu empfehlen. Von Eisenhut weiter führt der markierte Weg ostwärts wieder hinab zum Eisenhuter Bach und dann in den Wald hinein. Dort sind noch Reste einer großen **Steinbrücke mit Holztragewerk** und **Anschlussdämmen** [21] sehr gut erkennbar.

Die rekonstruierte kleine Edlbrucker Brücke [19]

Wir folgen dem Feldweg über den Höhenrücken durch Getreidefelder bis zur Bundesstraße bei Hiltschen. Nach dem Queren der Prager Bundesstraße treffen wir auf den Rest des ostseitigen **Widerlagers der Holzbrücke** [26] über die alte Bundesstraße. Im Gelände ist noch gut die **alte Trasse** [27] zu sehen. Wir folgen der Markierung weiter und erreichen eine Kuppe, von der uns eine herrliche Aussicht über den Markt Leopoldschlag und weit ins böhmische Grenzgebiet hinein erwartet. Wir durchwandern ein Feld und stoßen in einem Birkenhain auf ein weiteres Relikt der Pferdeeisenbahn, auf die **gemauerten Widerlager** einer Brücke [28]. Wir folgen der Markierung weiter zurück zu unserem Ausgangspunkt, dem Gasthof Magerl.

Über den Kerschbaumer Sattel

Dorf Leopoldschlag—Kerschbaum

*Seit 1996 ist der mächtige **Scheitelbahnhof Kerschbaum** das Zentrum eines kurzen revitalisierten Abschnittes der Pferdeeisenbahn (Siehe Seite 71). Diese Wanderung ist besonders für Familien mit Kindern zu empfehlen. Wenn man als Ziel eine Fahrt mit der Pferdeeisenbahn vor Augen hat, bekommen auch nicht so gehfreudige Kids lange Beine!*
*Beim Gasthaus zur Pferdeeisenbahn, einem **„Wirt im Pferdeeisenbahnland"** (Infos Seite 83), gibt's besondere Familienzuckerln.*

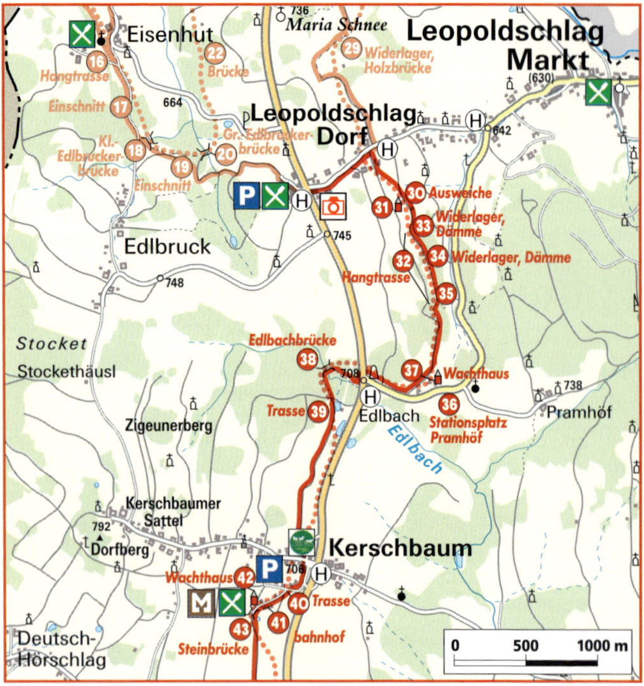

Gehzeit: 1–1 1/4 Stunden, 5 km

➡ **Anreise mit PKW:**
A7, B310 bis Leopoldschlag Dorf, Gasthaus Magerl, Parkplätze vorhanden. Rückfahrt mit Bus wegen schlechter Busverbindungen schwierig. Alternative siehe „Anreise mit öffentlichen Verkehrsmitteln".

➡ **Anreise mit öffentlichen Verkehrsmitteln:**
Bundesbus bis Haltestelle Magerl, Leopoldschlag Dorf, 500 m bis Wanderwegeinstieg bei Haus Nr. 39.; Rückfahrt Bundesbus Haltestelle bei Gasthaus „Zur Pferdeeisenbahn" in Kerschbaum, doch sehr schlechte Busverbindungen.

➡ **Alternative/Sonderservice:**
Wer in Kerschbaum im Gasthaus „Zur Pferdeeisenbahn" speist, wird von den Wirtsleuten gratis abgeholt bzw. zum Auto/Zug gebracht!
Tel.: 07949/6322.

➡ **Taxi Hörbst:** Eine weitere Möglichkeit. Kosten Summerau—Kerschbaum oder Leopoldschlag: ca. öS 110,– pro Fahrt bis acht Personen. Also für Gruppen sehr günstig! Tel.: 07949/6100 oder 0664/1037136.

➡ **Tipp am Weg:**
„Rossknödl", „Gleishupfa", Pferdeeisenbahnmuseum und natürlich eine Fahrt mit der Pferdeeisenbahn beim Scheitelbahnhof Kerschbaum sollte man unbedingt einplanen! Öffnungszeiten: Mai–Oktober: Sa, So und Feiertags von 10–16 Uhr. Juli/August zusätzlich täglich von 14–16 Uhr, Gruppen ab 15 Personen jederzeit nach telefonischer Vereinbarung. Tel.: 07949/6800. Das „Gasthaus zur Pferdeeisenbahn" Kohlberger ist Mitglied der „Wirte im Pferdeeisenbahnland" (Info Seite 83) und bietet für Kinder unter dem Klaftermaß (3/5 Klafter) ein Gratisessen!

➡ **Thema:**
Kondukteur

➡ **Einkehr:**
Gasthaus Magerl, Dorf Leopoldschlag am Ausgangspunkt. Kein Ruhetag. **Kohlberger „Gasthaus zur Pferdeeisenbahn",** Kerschbaum, Dienstag Ruhetag. **Bahnhofsrestauration** im Scheitelbahnhof Kerschbaum, bei Fahrbetrieb geöffnet (Tel.: 07949/6800).

➡ **Wegbeschaffenheit:**
Gut markierte Wald-, Wiesen- und Feldwege, letztes Stück Asphalt.

Der Einstieg in den Wanderweg befindet sich in Leopoldschlag Dorf beim Haus Nr. 39. Der gelben Markierung folgend überqueren wir einen sanften Hang. Hier trifft der Wanderweg auf die ursprüngliche Trasse, die als Geländekante [30] gut erkennbar ist. Auch der Damm ist gut zu sehen. Wir erreichen nach einigen Minuten das **Wachthaus Nr. 23** [31], das erste erhaltene Wohnobjekt der Pferdeeisenbahn auf österreichischer Seite. Der folgende Abschnitt ist landschaftlich besonders reizvoll. Der Wanderweg führt uns nun in ein romantisches Wäldchen, vorbei an Resten von Brücken, halb verfallenen Durchlässen und gut erkennbaren Dammresten [32]. Wir verlassen den Wald und folgen weiter der Markierung bis zum Bauernhaus Dorf Leopoldschlag Nr. 56. Hier war einst der erste Bahnhof in Österreich, die **Bahnstation Pramhöf** [36].

Nun zweigt der Wanderweg rechts von der Trasse ab und wir erblicken bald das idyllische **Wachthaus Nr. 24** [37], das noch im ursprünglichen Zustand erhalten ist. Wir folgen der Markierung in den Wald hinein und in einer Schleife über die **Edlbachbrücke** [38]. Sie war die **erste gemauerte Brücke der Pferdeeisenbahn** in

Der rekonstruierte Luxuswagen „Hannibal" auf der Kerschbaumer Museumsstrecke

Das ehemalige Wachthaus Nr. 24 in Leopoldschlag zeigt sich heute noch im ursprünglichen Zustand. [37]

Österreich. Auch der Damm [39] ist hier schön erhalten geblieben. Weiter führt uns der Wiesenweg vorbei an Fischteichen bis zu einem Güterweg. Dieser geleitet uns durch das Örtchen Kerschbaum bis zum ehemaligen **Scheitelbahnhof Kerschbaum** [41]. Hier hat man heute die Möglichkeit, das Fahrerlebnis Pferdeeisenbahn authentisch nachzuvollziehen (siehe auch Seite 71).

Kondukteure

„Als Begleitung für die Transportkolonne war ein Kondukteur vorgesehen, die einzelnen Bezüge beaufsichtigten je ein Kutscher. Täglich hatten die Pferde eine Gesamtstrecke von 40 Km zurückzulegen. Die ganze Bemannung der Eisenbahn von Budweis bis Linz, obgleich sie überall durch Landschaften geht, welche von Deutschen bewohnt sind, ist böhmakisch. Denn eben jener Schiffsbaumeister Lanna, ein böhmischer Patriot, hat die ganze Beförderung der Wagen in Pacht und läßt dieselbe bloß durch tschechische Postillione und Stallknechte verwalten.“

Durch den Pürauwald

Kerschbaum bis Summerau

Auf diesem Stück findet man einen guten Querschnitt an Relikten: der mächtige Scheitelbahnhof als Ausgangspunkt, Bahnwärterhäuschen, Steinbrücken, Dammstücke, Viadukte. Diese Tour ist auch in umgekehrter Form, also Anreise mit Bahn, Wanderung nach Kerschbaum, Fahrt mit Pferdeeisenbahn und Rückfahrt mit Bus/Zug ein erlebnisreicher Tag mit Kindern.

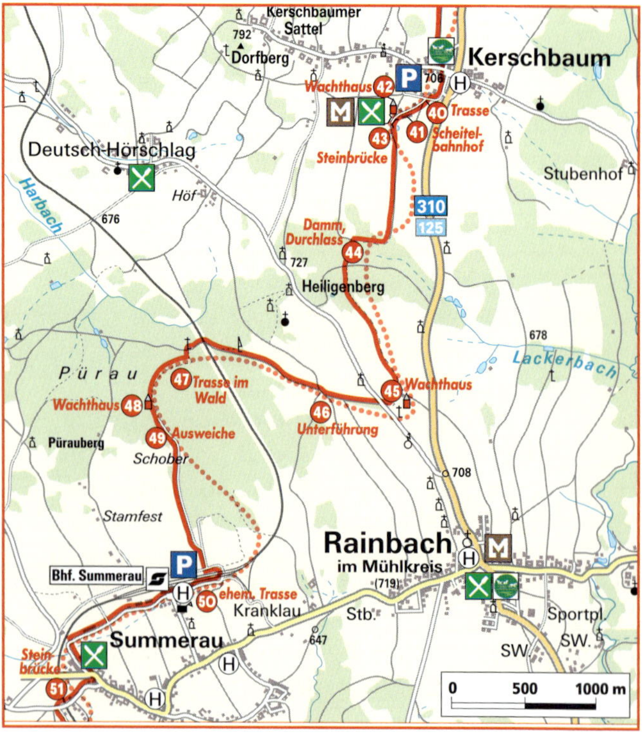

Gehzeit: 1 1/2–2 Stunden, 7 km

➡ **Anreise mit PKW:**

A7, B310 bis Kerschbaum, parken am Parkplatz der Pferdeeisenbahn Kerschbaum. Rückfahrt mit Bundesbus vom Bahnhof, jedoch sehr umständlich.

➡ **Alternative/Sonderservice:** Wer in Kerschbaum im „Gasthaus zur Pferdeeisenbahn" speist, wird von den Wirtsleuten gratis abgeholt bzw. zum Auto/Zug gebracht! Tel.: 07949/6322.

➡ **Taxi Hörbst:** Eine weitere Möglichkeit. Kosten Summerau—Kerschbaum oder Leopoldschlag: ca. öS 110,– pro Fahrt bis acht Personen. Also für Gruppen sehr günstig! Tel.: 07949/6100 oder 0664/1037136.

➡ **Anreise mit öffentlichen Verkehrsmitteln:**

Bahn bis Summerau. Abholung durch Gasthof „Zur Pferdeeisenbahn" (siehe Anreise PKW); Rückfahrt mit Bahn vom Bahnhof Summerau.

➡ **Tipp am Weg:**

„Rossknödl", „Gleishupfa" und natürlich eine Fahrt mit der Pferdeeisenbahn beim Scheitelbahnhof Kerschbaum sollte man unbedingt einplanen! Das „Gasthaus zur Pferdeeisenbahn" Kohlberger ist Mitglied der „Wirte im Pferdeeisenbahnland" und bietet für Kinder unter dem Klaftermaß (3/5 Klafter) ein Gratisessen (Info Seite 83)!

➡ **Thema:**

Fürs leibliche Wohl, Scheitelbahnhof Kerschbaum

➡ **Einkehr:**

Kohlberger „Gasthaus zur Pferdeeisenbahn", Kerschbaum, Dienstag Ruhetag. **Bahnhofsrestauration** im Scheitelbahnhof Kerschbaum, bei Fahrbetrieb geöffnet (Tel. 07949/6800), **„Tennisalm Schneiderbauer"**, Summerau 220, nur im Sommer, kein Ruhetag Mo, Di und Mi, Tel. 07949/6777.

➡ **Wegbeschaffenheit:**

Durch den feuchten Boden im romantischen Pürauwald ist der Weg oft matschig, daher ist gutes Schuhwerk wichtig!

Die Wanderung beginnt beim **Scheitelbahnhof in Kerschbaum** [41]. Dieser markante, langgestreckte Bau wurde 1996 renoviert und beherbergt heute das **Pferdeeisenbahnmuseum,** ein Gasthaus, Wohnungen und eine Tischlerei.
Wir wandern den Geleisen entlang, am **Wachthaus Nr. 25** [42] vor-

Fürs leibliche Wohl

In Kerschbaum kreuzten sich um die Mittagsstunde die Personenzüge aus Linz und Budweis. Hier hatten sie eine Stunde Aufenthalt, damit die Reisenden das Mittagessen einnehmen konnten. An dieser Stelle soll eine Anekdote aus dem Bericht des bekannten Reiseschriftstellers F.C. Weidmann vom 5. Oktober 1837 über seine Pferdeeisenbahn-Eindrücke Aufschluss geben:

„Kerschbaum ist der Ort zum gemeinschaftlichen Mittagsmahl. Drei große, schon gedeckte Tische sind in dem Speisezimmer breitet. Die hier zusammengetroffene Gesellschaft aller vier Wagen bestand aus 42 Personen. Die Thätigkeit und Geschäftigkeit des Gasthalters lässt sich kaum beschreiben. Es ist ein etwas dicker Mann voll der komischesten Beweglichkeit und Redseligkeit. Das aufgetischte Mahl bestand aus Suppe, Rindfleisch und zwei Saucen, Braten und Salat. Der Braten teilte sich in Hühner- und Wildbraten. Der letztere war gänzlich ungenießbar und verbreitete einen entsetzlichen Gestank im ganzen Zimmer. Die übrigen Speisen waren gut zubereitet. Man bezahlte mit Einschluss einer Flasche Bier 30 Kronen C.M. Schwarzer Caffee wird extra bezahlt. Der Wildbraten abgerechnet, welcher auf allgemeindes Verlangen sogleich hinausgeschafft ward, ward den Gerichten weidlich zugesprochen."

bei, dem Damm entlang über die gemauerte Brücke. Links unterhalb der Brücke [43] sehen wir auch noch die Reste der ehemaligen **Pferdeschwemme.** Wir wandern weiter, einen Feldweg entlang. Die Trasse verlief knapp unterhalb des heutigen Wanderweges. Nachdem wir ein kurzes Waldstück durchquert haben, in dem noch **zwei Durchlässe** und **ein Dammstück** [44] zu finden sind, führt uns der Wanderweg in ein freies Feld, von dem aus wir

eine wunderbare Aussicht auf die Kirche von Rainbach und das **Bahnwärterhäuschen Nr. 26** [45] haben. Dieses wurde behutsam renoviert und ist heute in Privatbesitz.
An dieser Stelle die Bitte, solche in Privatbesitz befindlichen Bauwerke mit gebührendem Abstand zu betrachten.
Wir biegen hinter dem Wachthaus im rechten Winkel ab. Wir kommen an einer **alten Steinbrücke** [46] vorbei und wandern hinein in den romantischen Pürauwald. Da der Boden hier sehr feucht und mager ist, sind die Baumstämme schmächtig im Vergleich zu gleichaltrigen Bäumen auf trockenem, fetteren Grund. Auch der Wanderer bekommt die Nässe des Bodens des öfteren durch morastige Wegabschnitte zu spüren, obwohl sich die Gemeinde sehr bemüht, den Wanderweg trocken zu halten. Daher ist hier gutes Schuhwerk angebracht. Der **Pürauwald** wurde von der Pferdeeisenbahn in einem weiten Bogen auf einem niedrigen Damm durchquert [47]. Wir kommen nach einiger Zeit zum **Wachthaus Nr. 27** [48], das über die Jahre hinweg sehr stark verändert wurde. Über einen Güterweg wandern wir weiter bis zum **Bahnhof Summerau.** Die ehemalige Trasse machte hier einen weiten Bogen [50].

Das gut erhaltene Wachthaus Nr. 26 in Rainbach im Mühlkreis [45]

Scheitelbahnhof Kerschbaum

Der Scheitelbahnhof Kerschbaum befindet sich genau in der Mitte und noch dazu am höchsten Punkt der Strecke. Einst kreuzten sich hier zur Mittagszeit die von Linz und Budweis losgefahrenen Personenzüge. Die Pferdegespanne wurden ausgewechselt, die Fahrgäste stärkten sich im Bahnhofsrestaurant.

Von Bahnhof zu Bahnhof

Summerau bis Freistadt

In diesem Abschnitt befindet sich bei Waldburg die Kronbachbrücke, eine ***zweibogige Steinbrücke*** *mit einer Höhe von 12 m. Sie zählt zu den* ***markantesten Relikten*** *der Pferdeeisenbahn.*

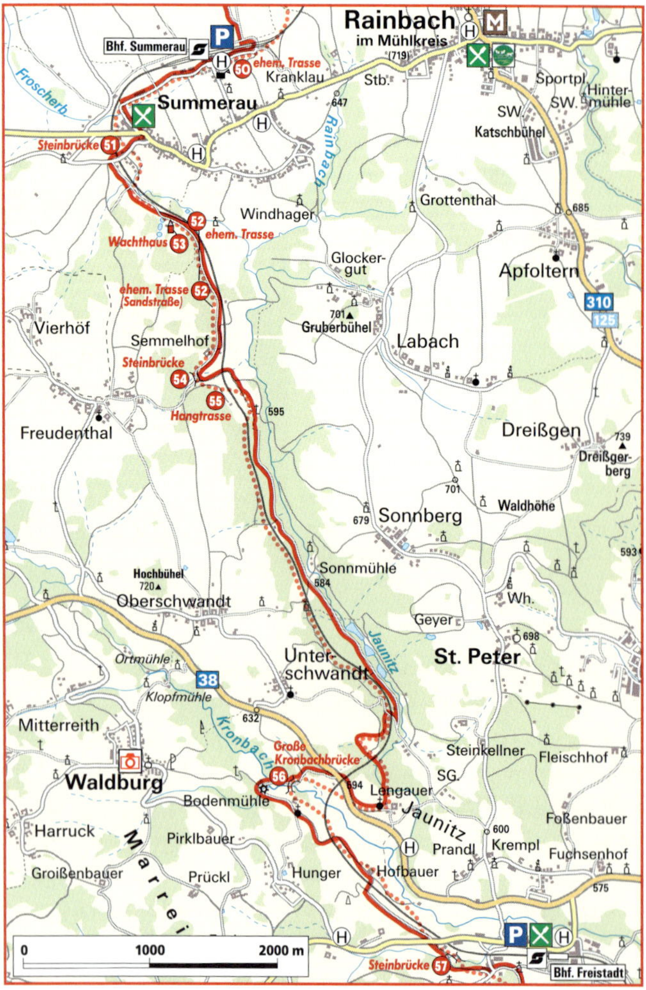

Gehzeit: 2 1/2 Stunden, 10 km

➡ **Anreise mit PKW:**
A7, B310 bis Rainbach, hier im Ortszentrum links nach Summerau Bahnhof. Rückfahrt mit der Bahn vom Bahnhof Freistadt.

➡ **Anreise mit öffentlichen Verkehrsmitteln:**
Mit der Summerauerbahn nach Summerau, Rückreise mit der Bahn vom Bahnhof Freistadt.

➡ **Tipp am Weg:**
Unterhalb der Kronbachbrücke befindet sich rechts ein Bauernhaus mit Brunnen und Wasserpumpe. Die Bauersleute sind sehr gastfreundlich und laden durstige Wanderer gerne auf ein Schlückchen ein!

➡ **Thema:**
Steinbrücken

➡ **Einkehr:**
„Tennisalm Schneiderbauer“, Summerau 220, Ruhetage, Mo, Di, Mi, Tel.: 07949/6777.
Bahnhofsrestaurant Bahnhof Freistadt, Sa/So Ruhetag.

➡ **Wegbeschaffenheit:**
Zu Beginn der Wanderung in Summerau bitte genau auf die Markierung achten! Anfangs Asphalt, dann durchwegs gut gepflegte Wald- und Wiesenwege. Idyllischer Abschnitt durch gepflegtes Bauernland. Weite Strecken im Wald, daher im Sommer sehr zu empfehlen.

Wir beginnen beim **Bahnhof Summerau** und wandern nach rechts die Asphaltstraße parallel zu den Geleisen entlang. Nach etwa 200 m zweigen wir nach links ab und erreichen sodann die Hauptstraße von Summerau. Wir marschieren durch das Dorf und kommen über eine auch heute noch benützte **Steinbrücke** [51] der Pferdeeisenbahn. Wir überqueren die Eisenbahntrasse und wandern weiter vorbei an einem Bahnwärterhaus der Kaiserin-Elisabeth-Bahn (heute „Summerauerbahn“) und einem Teich. Auf einer schönen **Sandstraße** [52] durchqueren wir gepflegtes Bauernland, entlang von Viehweiden und Wiesen erreichen wir nach ca. einer halben Stunde den idyllisch gelegenen Semmelhof. Wir kommen zu einer **alten Steinbrücke** [54] und wandern immer entlang des Güterweges. Nun biegen wir nach links ab, im Kreuzungsbereich gehen wir unter der Summerauerbahn durch. Wir

Eine renovierte Steinbrücke in der Nähe des Freistädter Bahnhofes [57]

kommen nun im **Jaunitztal** in einen herrlichen Mischwald mit mächtigen Fichten und marschieren immer parallel zur Bahn. Die alte Trasse verlief auf der anderen Seite des Dammes der Summerauerbahn.

Nach ca. 3 km überqueren wir neuerlich die heutigen Geleise. Dann wandern wir den steilen Hang hinauf, vorbei an einem Bahnwärterhäuschen bis zur Bundesstraße. Hier bietet uns eine gelbe Orientierungstafel einen guten Überblick über den Verlauf des Wanderweges. Wir queren die Bundesstraße und marschieren die kleine Asphaltstraße entlang ins Kronbachtal hinab. Schon sieht man die mächtige 12 m hohe **doppelbogige Kronbachbrücke** [56].

Diese Brücke ist übrigens die Wappenfigur der **Gemeinde Waldburg.** Links und rechts der Brücke erkennt man sehr gut den Ver-

Ehemalige Bahntrasse mit Damm und Kronbachbrücke bei Waldburg [56]

Steinbrücken

Die gewölbten Steinbrücken waren typisch für Schönerers Südrampe. Ab **Pramhöf** [36] verschwinden die Holzbrücken mit ihren hohen Dämmen, die die Nordrampe kennzeichnen. Obwohl auch die Brücken der Nordrampe in der ursprünglichen Planung als Steinbauten ausgeführt sind, führte Gerstner alle größeren Brücken in Holz aus. Vermutlich bereitete ihm der Bau von Steinbrücken-Konstruktionen Schwierigkeiten. Schönerer jedoch beherrschte diese Technik und baute fast ausschließlich in Stein. Nur bei flachen niedrigen Überbrückungen verwendete er Holzbrücken. Die bekannteste gewölbte Steinbrücke ist die **zweibogige Brücke** über den Kronbach [56] bei der Bodenmühle unterhalb von Waldburg. Wo die Bahn Straßen unterfuhr, waren Steinbrücken mit 3–5 m breiter Fahrbahn angelegt, die mit Steinbrüstungen eingefasst waren. Mehrere solcher Straßenbrücken über die Pferdeeisenbahn sind auch heute noch in Verwendung, wie z. B. die Brücke bei Rainbach (Hörschläger Straße Rainbach—Deutsch Hörschlag) [46] oder in Summerau (Summerauer Straße Rainbach—Reichental) [51].

lauf des Dammes. Wir marschieren unter der Brücke durch, vorbei an der schön restaurierten **Bodenmühle,** und wandern die Straße eine Kehre hinauf. Dort zweigen wir in den Feldweg ab. Diesen wandern wir entlang und überqueren die Bahn über eine Steinbrücke. Kurz nach dem Bauernhof Hofbauer überqueren wir nochmals die Bahn und gelangen zum **Bahnhof Freistadt.** Hier lohnt sich folgender kurzer Abstecher: Vom Hofbauer kommend schlägt man vor der Straßenbrücke nach Waldburg den Weg nach rechts ein. Nach ungefähr 100 m erreicht man eine sehenswerte **einbogige Steinbrücke** [57].

Durch den Trölsberger Wald zum Stationsgebäude Lest

Bahnhof Freistadt bis Lest

Nach einer relativ langen Strecke ohne erhalten gebliebenem Wachthaus sind an dieser Etappe gleich zwei anzutreffen. Am Ende der Wanderung steht das sehr gut erhaltene zweigeschoßige, fünfachsige Stationsgebäude Lest.

Gehzeit: 1–1 1/2 Stunden, 5 km

➡ **Anreise mit PKW:**

A7, B310 bis Freistadt, im Ort Abzweigung Bahnhof Freistadt; Rückreise mit Zug oder Bus von Lest.

➡ **Anreise mit öffentlichen Verkehrsmitteln:**

Mit der Summerauerbahn nach Freistadt; Rückreise mit der Bahn von der Bahnstation Lest, oder mit dem Bundesbus.

➡ **Thema:**

Stationsplätze, Wachthäuser und Bahnerhaltung

➡ **Einkehr:**

Bahnhofsgasthaus Freistadt, Sa u. So Ruhetag.
Gasthof Mader, Lest, ist Mitglied der „Wirte im Pferdeeisenbahnland" (Infos Seite 83) und bietet daher Gratisessen für Kinder, die unters Klaftermaß passen! Do Ruhetag. Familientipp!

➡ **Wegbeschaffenheit:**

Schöne Wald- und Wiesenwege, am Schluss schattenloses Asphaltstück.

Ca. 200 m südlich des **Bahnhofs Freistadt** ist der Einstieg in den Pferdeeisenbahnwanderweg.
Wir wandern den Zufahrtsweg zum Bauernhaus Baumgartner entlang, vorbei am **Wachthaus Nr. 34** [58] über eine Wiese den Feldweg weiter bis in den **Trölsberger Wald.**

Wachthäuser und Bahnerhaltung

Für das Personal zur Erhaltung der Bahnlinie wurden entlang der Strecke im Abstand von ca. 2–3 km Wachthäuser errichtet. Diese waren 35–50 m^2 groß, mit Stube, Rauchküche und Vorraum. Sie lagen bei den Ausweichen, Straßenkreuzungen, größeren Eisenbahnbrücken und den Stationsplätzen. Die Budweiser Linie hatte 51 Wachthäuser. Jedem Bahnwärter war eine Strecke von fast 3 km zur Aufsicht und Herstellung kleinerer Arbeiten, wie Reinhalten des Treppelweges, Schienenbefestigung oder Wasserableitung zugeteilt. Für größere Arbeiten erhielten sie Hilfsarbeiter.

Das ehemalige Wachthaus Nr. 36 bei Lest [60]

Hier befinden wir uns wieder genau auf der alten Trasse. Nach einiger Zeit erreichen wir eine asphaltierte Straße. Wir wandern das Tal der Feld-aist entlang, vorbei an mächtigen Vierkantern. Nach dem letzten dieser Bauernhäuser kommt man links zur **Bahnhaltestelle Lest.** Es lohnt sich, bis zum ehemaligen **Stationsgebäude Lest** weiter zu wandern und dieses anzuschauen. Wir folgen also der Markierung und kommen zum gut erhaltenen **Wachthaus Nr. 36** [60]. Nun geht's durch einen kleinen Wald und über einen Güterweg

Das ehemalige Stationsgebäude in Lest, heute in Privatbesitz und bewohnt [61]

durch weite Felder nach Lest hinein. Hier ist die alte Trasse noch gut erkennbar. Nach wenigen Minuten sehen wir das einstige **Stationsgebäude Lest** [61], das sich heute schön renoviert präsentiert. Das Gebäude ist in Privatbesitz. Die zweigeschoßige Anlage mit dem einstöckigen Stalltrakt, in dem einst Magazin, Werkstatt und Schmiede untergebracht waren, ist sehr gut erhalten.

Stationsplätze

Auf der Gesamtstrecke von Budweis nach Gmunden wurden in gleichmäßigen Abständen „Stationsplätze“ errichtet. Diese dienten als Kreuzungs- und Umspannplätze, als Auf- und Abladeplätze. Sie lagen durchschnittlich 21 km voneinander entfernt. Eine Stationslänge entsprach der halben Tagesmarschleistung der Güterzugspferde, sodass die Pferde eine „Station“ zweimal am Tag zurücklegen konnten (Hin- und Rückfahrt). Die Stationsplätze hatten in der Regel ein Stationsgebäude mit Diensträumen und Wohnungen des Bahnpersonals und ein oder mehrere meist gewölbte Stallgebäude, die je nach der Beschaffenheit der zum Stationsplatz gehörenden Betriebsabschnitte (bei Steigungen mußten zwei Pferde vorgespannt werden) Raum für 28 bis über 100 Pferde aufwiesen. Meist war auch die Schmiede und das Hafer- und Heumagazin hier untergebracht. Die Stationsplätze mit größerer Güterverladung, wie Linz, Urfahr und Zizlau (Salz- und Kohleumschlag auf die Donauschiffe), Lambach (Verladebahnhof der Hausruckkohle), hatten ein oder mehrere Magazingebäude, einzelne Stationsplätze wie Lest und Uhrfahr Wagenausbesserungswerkstätten (Sattlerei, Wagnerei). Alle Stationsplätze hatten ein Gasthaus, das verpachtet war.

Ins Land „einischaun"

Lest—Neumarkt

Nachdem die Trasse in diesem Abschnitt fast vollkommen durch den Bau der Bundesstraße zerstört wurde, führt der Wanderweg hier erst am Schluss der Etappe in der Nähe bzw. auf der ehemaligen Trasse. Der Wanderweg wurde nach Westen über Schwandtendorf verlegt. Diese Etappe ist aber besonders durch die ***schönen Fernblicke*** *übers hügelige Mühlviertel sehr reizvoll.*

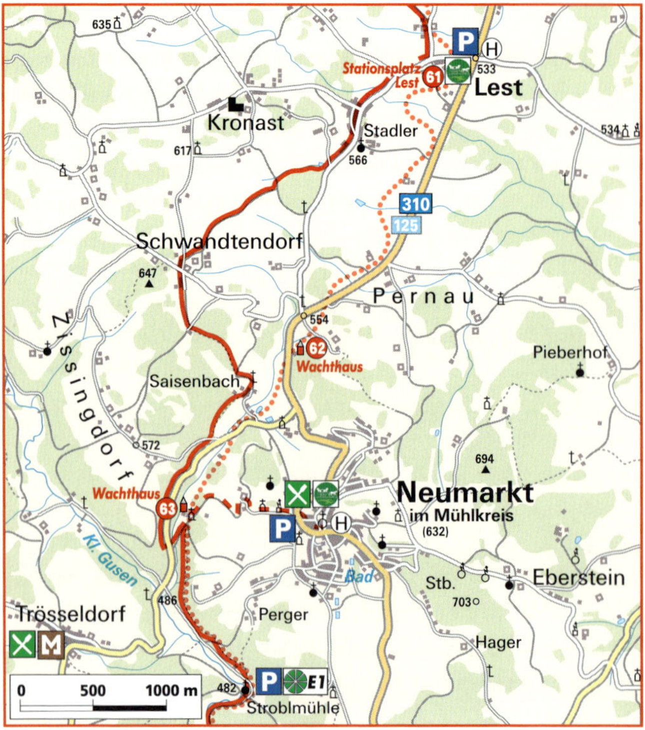

Gehzeit: 1 1/2 Stunden, 6 km

➡ **Anreise mit PKW:**

A7, B310 bis Lest, Parkplatz beim Gasthof Mader.

➡ **Anreise mit öffentlichen Verkehrsmitteln:**

Mit der Summerauerbahn oder dem Bundesbus nach Lest; Rückreise mit Bundesbus von Neumarkt oder nach weiterer Etappe von Unterweitersdorf-Sportplatz.

➡ **Thema:**

Das Ende der Pferdeeisenbahn – letzte Fahrt und Zerstörung der Trasse

➡ **Einkehr:**

Gasthof Mader in Lest ist Mitglied der „Wirte im Pferdeeisenbahnland" (Info Seite 83) und bietet daher Gratisessen für Kinder, die unters Klaftermaß passen! Do Ruhetag. Familientipp!
Gasthof Ochsenwirt in Neumarkt bei der Bushaltestelle im Ort ist ebenfalls ein „Wirt im Pferdeeisenbahnland", Do Ruhetag. **Kurvenwirt** in Neumarkt, Mo Ruhetag

➡ **Wegbeschaffenheit:**

Schöne Wald- und Wiesenwege. Es müssen auch Viehweiden gequert werden, bitte Gatter wieder schließen!

Wir wandern von **Lest** [61] aus auf einem asphaltierten Güterweg ca. 1 km Richtung Stadler. Dann zweigen wir nach links in den Wald. Der Weg führt nun leicht aufwärts. Aus dem Wald heraus kommen wir auf ein weites Feld, wandern geradeaus weiter auf die Haufensiedlung **Schwandtendorf** zu. Von hier aus hat man einen wunderbaren Blick übers Land. Nach dem Dorf geht's links hinab durch einen schönen Mischwald. Ab nun beständig bergab, entlang von Viehweiden. Manches Mal muss man auch Weidezäune passieren. Bitte unbedingt die Zäune wieder schließen! Am Talboden angelangt gehen wir vorbei an einem schön gepflegten Gehöft, den Talabschnitt der Straße entlang. Nach ca. 1 km zweigen wir nach links in den Wald hinein ab. Kurz bergauf, zum **Wachthaus Nr. 38** [63]. Hier folgen wir entweder dem Wanderweg Richtung **Neumarkt** bergauf, oder, wenn wir eine Etappe weitergehen wollen, wandern wir rechts hinein in den Wald und erreichen über zwei gut erhaltene Durchlässe die schön renovierte **StrobImühle.**

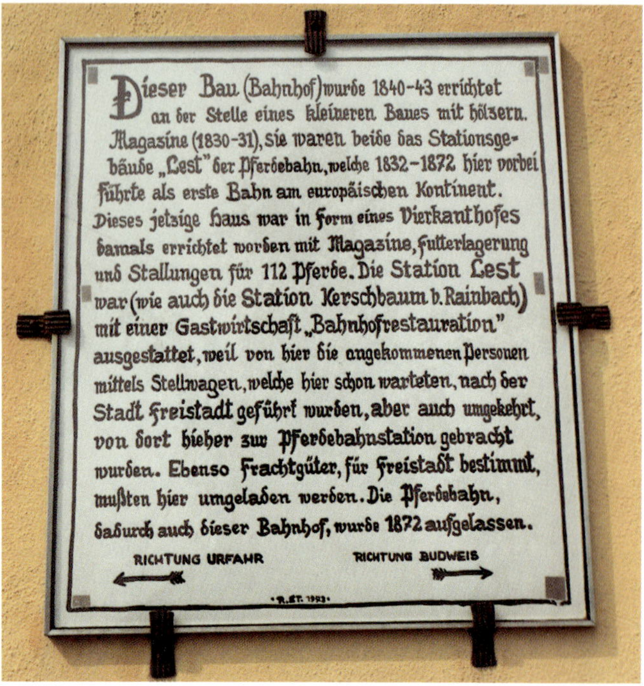

Erinnerungstafel am Stationsgebäude von Lest [61]

Die Stroblmühle bei Neumarkt

Das Ende der Pferdeeisenbahn

Im Dezember 1870 wurde der Pferdebahnbetrieb auf der Strecke Budweis—Kerschbaum eingestellt und mit dem Abbruch, bzw. Verkauf der nicht mehr benötigten Bahnanlagen begonnen. Ein Jahr später wurde der Betrieb zwischen Zartelsdorf (heute Rybník) und Kerschbaum eingestellt. Am **15. Dezember 1872** traf der letzte Pferdeeisenbahnzug in Lest ein. Am 13. Juni 1874 war die Auflösung der Pferdebahnstrecke Freistadt—Linz abgeschlossen.

Die Einrichtungen der Pferdeeisenbahn waren nach der Betriebseinstellung funktionslos geworden. Nur im Bereich Lambach—Gmunden konnte vieles weiter verwendet werden. Im Bereich zwischen Budweis und Leopoldschlag störten die Dämme und Einschnitte sogar, da das Gebiet landwirtschaftlich genutzt wurde. Daher wurden große Teile des Oberbaus abgetragen, ebene geländeangepasste Trassenteile planiert, wenn sie über gutes Ackerland führten. Brückenbauten, Dämme, Einschnitte und Hochbauten blieben jedoch teilweise bis heute bestehen.

Diese eindrucksvollen Streckenreste zwischen Budweis und Linz ziehen immer mehr Heimatforscher, Historiker, Ingenieure und neuerdings auch kulturhistorisch interessiere Touristen an. Seit die Schweizer **Brüder Borel** im Sommer 1934 die Trasse von der Staatsgrenze bis Linz abgingen und danach Kontakt mit dem Bundesdenkmalamt und der OÖ Landesregierung aufnahmen, ist die Diskussion über die Rettung dieser bautechnischen Relikte im Gange. Ein Teil konnte bereits gerettet werden. Aber einzelne Überreste fallen immer noch dem Straßenbau, dem Siedlungsbau und der Landwirtschaft zum Opfer. Und natürlich nagt der Zahn der Zeit an ihnen.

Durchs wildromantische Gusental

Neumarkt—Unterweitersdorf

*Durchs Gusental führt der Wanderweg bis auf ganz kleine Stücke immer auf der Originaltrasse der Pferdeeisenbahn. Familientipp: **Erlebnispfad** mit neun Stationen.*

Gehzeit: 2 1/2 Stunden, 10 km

➡ **Anreise mit PKW:**

A7, B310 bis Neumarkt, knapp unterhalb des Berges in langgezogener Kurve links hinein bis Stroblmühle. Rückfahrt Bus Unterweitersdorf—Neumarkt.

➡ **Anreise mit öffentlichen Verkehrsmitteln:**

Bus bis Neumarkt, Haltestelle Pernau beim Gasthaus Ochsenwirt.

➡ **Tipp am Weg:**

Der überdachte Rastplatz mit Grillmöglichkeit in der Bachwiese bei der Schermühle ist als Platz für ein Picknick zu empfehlen. Energielehrtafel neben Sportplatz in Unterweitersdorf.

➡ **Thema:**

Ochsen als Zugtiere für Pferdeeisenbahn; Sage „Teufelskirche"

➡ **Einkehr:**

Ochsenwirt in Neumarkt (einer der „Wirte im Pferdeeisenbahnland", Kinder unter dem Kloftermaß essen von spezieller Kinderkarte gratis!), Do Ruhetag; **Kurvenwirt,** Mo Ruhetag; am Weg: **Kratschis Fischerhütte** nur Sa, So und Feiertags geöffnet (ausgezeichnete Räucherfische!);
Pferdeeisenbahnstüberl in Unterweitersdorf/Bürstenbach nur Fr–Mo und Feiertags ab 10 Uhr geöffnet! Kinderspielplatz;
Sportgasthaus beim Sportplatz, Mo Ruhetag, ab 11 Uhr geöffnet.

➡ **Wegbeschaffenheit:**

Großteils unasphaltierte Güter- und Waldwege durch herrliche Mischwälder (besonders im Sommer zu empfehlen), Befahren mit geländetauglichem Kinderwagen möglich.

Wer mit dem Bus anreist, beginnt am Marktplatz in **Neumarkt.** Dort folgen wir gleich hinter dem Brunnen der gelben Markierung. Vom Friedhof des Ortes leitet uns ein Wanderweg den Neumarkter Berg hinab zum Pferdeeisenbahnwanderweg. Ab dem Haus Haghoferweg 6, früher **Wachthaus 38** [63], befinden wir uns auf der Originaltrasse, die sich hier tief in den Hang einschneidet. Aufschüttungen und Stützmauerreste sind noch zu erkennen. Der Abschnitt von Lest bis Unterweitersdorf hatte übrigens das größte Gefälle der gesamten Strecke Linz—Budweis. Daher wurde zu Beginn der Pferdeeisenbahn sogar den Versuch unternommen, **Ochsen als Zugtiere** zu verwenden.

Die Ochsenprobe

Im Jahr 1846 wurden auf den Steilstrecken Urfahr—Treffling und Bürstenbach—Lest probeweise Gebirgsochsen als Zugtiere eingesetzt. Dies scheiterte aber, wie man nachlesen kann, an der „langsamen Gangart und das durch die natürlichen Bedürfnisse wie auch durch die rasch eintretende Erschöpfung verursachte häufige Stehen bleiben der sitzigen Tiere." Interessant ist auch die weitere Begründung:

„Der Ochs ist nach seiner natürlichen Beschaffenheit wenig gelehrig, auch nicht so empfindlich wie edlere Thiere, daher sein Gang unsicher, unbehülflich und unlenksam, er verschreckt öfters über unbedeutende Gegenstände, vorbeigehende Personen, Regenschirme etc., und geht daher öfters aus der Bahn, weshalb besondere Aufmerksamkeit der Knechte nötig wird.

Da unsere Knechte der deutschen Sprache ganz unkundig sind, so versteht sich von selbst, dass sie auch jene Ausdrücke des Gebirgsvolkes, welche diese Ochsen gewöhnt sind, nicht aussprechen können und auch gar nicht wissen."

Der Weg führt uns durch stark bewaldetes Gebiet über zwei renovierte Durchlässe bis zur **Stroblmühle** (guter Ausgangspunkt für Autoanreise).

Hinter der Stroblmühle treffen wir auf die erste Station des Erlebnislehrpfades (E1). Auf einem sehr gut erhaltenen Stück Damm mit einem Steindurchlass lädt die Attrappe eines **Personen-Wagengespanns** der Pferdeeisenbahn zum „Aufsitzen" ein. Wir folgen nun dem Flusslauf der kleinen Gusen. Romantisch, am Waldrand entlang, führt uns der Wanderweg immer wieder über **Schwellensteine** der Pferdeeisenbahn, die in diesem Abschnitt besonders oft aus dem Erdboden hervorlugen. Bei einer größeren Bachwiese kommen wir vorbei am **Wachthäuschen Nr. 39** [64]. Es ist sehr gepflegt und noch originalgetreu erhalten. Heute dient es als Wochenendhäuschen und ist wohl eines der meistfotografierten Relikte der Pferdeeisenbahn – wen wunderts, bei dieser idyllischen Lage!

Hier befindet sich die zweite Station des Erlebnislehrpfades (E2), die uns über **„diverse kuriose Verpflichtungen“** der Bahn- und Stationswärter informiert. Die Originaltrasse ist hier ein kurzes Stück nicht mehr vorhanden. Wir wandern entlang des sich dahinschlängelnden Gusenbächleins durch das Tal. Bei der **Schermühle** überqueren wir die Gusen. Kurz dahinter sehen wir auf der **„Schneiderwies“** die dritte Erlebnisstation (E3). Es ist ein interessantes **„Höhenprofil“** der 128,48 km langen ehe-

Schwellensteine am Wanderweg im Tal der Kleinen Gusen [68]

Wachthaus Nr. 39 im Kleinen Gusental [64]

Rastplatz „Schneiderwies" mit Erlebnisstation bei der Schermühle (E3)

maligen Trasse der Pferdeeisenbahn mit der Auflistung aller Stationsplätze. Die Schneiderwies, eine schöne Bachwiese mit einem überdachten Rastplatz und Grillmöglichkeit, ist ein **beliebter Platz zum Picknicken!** Wir wandern weiter durch ein Waldstück und kommen sogleich zu einer **sagenumwobenen Stelle.** Hier hatte der Teufel beim Bau der Pferdeeisenbahn die Hand im Spiel! Empfehlenswert ist daher der kleine Abstecher nach rechts (1/4 Stunde) zur **Teufelskirche.**

Die Teufelskirche

Hier soll einst der Teufel gesessen sein und Steine auf die Bahnlinie geworfen haben, da er mit dem Bau der Pferdeeisenbahn nicht einverstanden war. Am Gipfel des Felsens zeugen heute noch ein Abdruck seines Gesäßes und seiner Pranken von dieser Begebenheit.

Ein Stückchen weiter durch den Wald, entlang der plätschernden Gusen, kommen wir zu einer **Felsinschrift** [65], die wahrscheinlich den Durchbruch der Talenge beim Bau der Pferdeeisenbahn dokumentiert (E4). Der Text ist bis heute nicht völlig entschlüsselt. Im Bereich von Pfaffendorf erkennen wir eine sehr gut erhaltene ehemalige Stützmauer. Alle Fischliebhaber sollten nun dem Weg links hinunter zu Kratschis Fischerhütte folgen, denn dort gibt's zu bestimmten Zeiten köstliche Räucherfische!
Wir halten uns jedoch rechts und wandern weiter durch den Wald zur nächsten Erlebnisstation (E5), dem **Querschnitt eines Salzwagens.** Links unterhalb des Wanderweges sehen wir idyllische Fischteiche. Wir gehen weiter bis zum **Wachthaus Nr. 40** [67]. Nun wird man immer wieder aufmerksam auf verschiedenste Relikte

der Pferdeeisenbahn: **Schwellensteine, Reste von Stützmauern, Steindurchlässe** [68], [69]. Das Gusental zeigt sich hier von seiner wunderbaren, wildromantischen Seite. Der Weg führt langsam, aber stetig bergab, bis wir die **Mittelstation Bürstenbach** [73] erreichen. Sie liegt in einer engen langen Kurve, denn man wollte eine große Brückenkonstruktion vermeiden. Eine der alten, massiven Steinbrücken – diejenige, die den Bürstenbach überquert – dient auch heute noch als Straßenbrücke [71]. Das **Wachthaus Nr. 41** [72] beherbergt das Pferdeeisenbahnstüberl und lädt zur Rast ein. Leider wurde das Gebäude durch Umbauten stark verändert. Die sechste Erlebnisstation (E6), die sich hier, direkt beim Pferdeeisenbahnstüberl, befindet, verrät so manches über die Bahnwärterhäuschen und die steilsten Streckenabschnitte der Pferdeeisenbahn.

Erlebnisstation „Personentransport" bei der Stroblmühle (E1)

Beim Verlassen der Kehre sehen wir rechts einen **Steinbruch,** der Material für den Unterbau der Pferdeeisenbahntrasse lieferte (E7). Kurz nach der **Schmidgrabenkehre** [74] (genau 100 Kilometer von Budweis entfernt) erreichen wir die nächste Erlebnisstation (E8), einen **Viadukt in der Tiefenbachkehre** [75], der sehr schön renoviert und begehbar gemacht wurde. Wir folgen dem Güterweg nun weiter, halten uns immer links. Bei der Schleife in Reitern, bei der Straßenabzweigung, ist die Brücke im Kern noch erhalten. Wenn wir aus dem Wald herauskommen, haben wir einen herrlichen Ausblick auf Unterweitersdorf, Pregarten und Wartberg. Am Ende des Güterweges kommen wir zur letzten Station des Erlebnisabschnittes (E9). Die richtige Antwort nach dem Erbauer der Pferdeeisenbahn wird mit einem herzhaften Wiehern belohnt. Wir gelangen zur Bundesstraße, rechts befindet sich die Bushaltestelle [76]. Gegenüber beim Sportplatz Parkmöglichkeiten. Empfehlenswert ist auch ein Blick auf die **„Energiespartafel"** bei einer interessanten Wohnanlage gleich neben dem Sportplatz.

Durchs Gallneukirchner Becken

Unterweitersdorf—Engerwitzdorf

Im Gallneukirchner Becken wurde die Trasse der Pferdeeisenbahn durch den Siedlungs- und Straßenbau großteils zerstört. Daher führt der Weg nur in relativ kleinen Teilstücken direkt auf der Trasse. Einige Abschnitte sind jedoch in Form von Geländestufen sehr gut zu erkennen. Unterhalb von Punzenberg ist die lange Spitzkehre mit ihrem aufwändigen hohen Damm samt Durchlass sehr gut erhalten.

Gehzeit: 2 1/4 Stunden, 10 km

➡ **Anreise mit PKW:**
A7, B310 bis Ausfahrt Gallneukirchen, Richtung Unterweitersdorf, bis Sportplatz, hier gute Parkmöglichkeiten.

➡ **Anreise mit öffentlichen Verkehrsmitteln:**
Bus bis Haltestelle Sportplatz in Unterweitersdorf; Rückreise Bushaltestelle Schweinbach in Engerwitzdorf.

➡ **Tipp am Weg:**
Nächtigungsmöglichkeiten in der Waldheimat, Gallneukirchen

➡ **Thema:**
Fahrtzeiten, Bespannung

➡ **Einkehr:**
Sportstüberl in Unterweitersdorf, ab 11 Uhr geöffnet, Mo Ruhetag.

➡ **Wegbeschaffenheit:**
Der Weg führt zu 2/3 auf asphaltierten Güterwegen, die jedoch sehr wenig befahren sind. Sonst gut gepflegte Wald- und Wiesenwege.

Der Einstieg in den Wanderweg ist direkt hinter der Bushaltestelle **Unterweitersdorf Sportplatz.** Wir wandern zuerst den Güterweg Püchl, dann, nach ca. 700 m, die Bahnwärterstraße entlang. Im Feld unterhalb sieht man das stark veränderte **Bahnwärterhaus Nr. 42** [77]. Die Trasse ging ca. 30 m rechts daran im Feld vorbei. Herrliche Rapsfelder im Frühling und Herbst setzen kräftige Farbtupfer in die Landschaft. Nach der Kurve befinden wir uns wieder auf der Originaltrasse. Hier hat man einen schönen Ausblick auf Wartberg und Pregarten. Nun verlassen wir die Bahnwärterstraße, biegen rechts in die Bundesstraße Hattmannsdorf ein, gehen diese ca. 350 m entlang, bei der Bushaltestelle Hartmannsdorf vorbei und rechts in den Lichtbachweg hinein. Nach ca. 50 m vorbei an einem Jägerzaun, weg vom asphaltierten Güterweg in die Wiese hinein. Wir folgen dem schönen Wiesenweg in den Wald und kommen zur **Punzenbergkehre** [78], die mit Damm und restauriertem Durchlass gut erkennbar ist. Wir marschieren nach rechts weiter. Die Originaltrasse führt geradeaus, dies ist auch sehr gut erkennbar, sie verliert sich jedoch nach kurzer Zeit im Wald.

Fahrzeiten

Die reine Fahrzeit zwischen Budweis und Urfahr betrug in beiden Fahrtrichtungen für Personenzüge ca. 13 Stunden. Güterzüge benötigten für dieselbe Strecke 32 1/2 Stunden! Die Personenzüge fuhren im Schnitt mit 10–12 km/h. Bei Talfahrten wurden ca. 15 km/h erreicht. Güterzüge brachten es dagegen nur auf 3–4,5 km/h.

Wir kommen beim Sonnleitenweg aus dem Wald heraus, wandern diesen ca. 600 m entlang und erreichen nach einem kleinen Waldstück die Bushaltestelle Tumbach. Der Weg führt nun wieder auf der Originaltrasse am Forstnerweg bis zur Siedlung. Das erste Haus auf der rechten Seite war früher das **Wachthaus Nr. 43** [79]. Es wurde im Laufe der Zeit jedoch stark verändert. Wir gehen weiter bis zum Eisengatter am Ende des Forstnerweges, durchqueren dieses und wandern in den Wald hinein. Rechts unterhalb des Weges ist ein gut erhaltenes **Viadukt** [80] zu finden. Wir erreichen ein Siedlungsgebiet, gehen entlang des Unteren Jägerwegs rechts etwa 200 m. Bei Haus Nr. 4 verlassen wir die Originaltrasse. Sie verläuft im großen Bogen links über landwirtschaftliche Grundstücke. Ein sehr **schönes Teilstück der Trasse** mit ca. 75 m ist zwischen Haus „Unterer Jägerweg Nr. 2" und dem landwirtschaftlichen Anwesen der Familie Grübler auf der linken Seite zu sehen.

Anschließend biegen wir links ab in die Johann-Dietrich-Straße, gleich darauf in die Tickalstraße und links in den Güterweg Punzenberg talabwärts bis zur Hauptstraße. Wir marschieren den Zaun auf der rechten Seite entlang auf der Alberndorferstraße weiter, bis zur Einfahrt in den Föhrenweg. Auf der Alberndorfer Straße überqueren wir bei der Ortstafel von Gallneukirchen ebenfalls die Originaltrasse. Wir gehen den Föhrenweg entlang, am Wegende hat man einen sehr schönen Blick auf **Schloss Riedegg.** Die Straße führt uns links hinunter, den Tannenweg talwärts bis zur Reichenauerstraße. Das Wohnhaus zwischen Kieferweg und

Lärchenstraße steht auf der ehemaligen Trasse. Wir überqueren die Straße und gehen die Oberndorfstraße hinein, rechts entlang Richtung Schild „Gusenhalle". Weiter geht's den Gartenzaun der Gärtnerei Friedenshort entlang, über die Gusenbrücke, dann rechts am Veitsdorferweg an der Gusenhalle vorbei bis zur Gerstnerstraße, die nach rechts abzweigt. Nun kommen wir nach langem wieder auf die Originaltrasse, indem wir nach links unsere Wanderung auf dem Pferdebahnweg fortsetzen.

Wir gehen so lange, bis wir an einem Gartentor anstehen. Dann rechts den Pfad entlang bis zu den Tennisplätzen, weiter bis zum **Gästehaus Waldheimat,** wo sich einst ein **Stationsgebäude** [82] befand. Nun überqueren wir die Altenbergerstraße und gehen auf der Asphaltstraße ca. 170 m bis zum Wohnhaus Oberndorf 52 (auf

Spurensuche im Winter. Durchlass an der Punzenbergkehre. [78]

der linken Seite) und kurz darauf links über Steinstufen hinunter und am Steg über den Mirellenbach bis zur restaurierten **Pferdeeisenbahnbrücke** [83]. Der Wanderweg führt nun durch einen Wald. Am Ende des Waldes folgen wir links dem Mirellenbach bis zur Kulmstraße, überqueren diese und gehen geradeaus auf einem Wiesenweg bis zur asphaltierten Gusenstraße, halten uns rechts und wandern den Bachweg entlang bis zum Ende. Bei der „Alten Straße" oben am Berg verlassen wir das Gemeindegebiet von **Gallneukirchen.** Am Ende des Bachweges, bei der Alten Straße biegen wir rechts in die Sackgasse ein.
Hier befinden wir uns wieder auf der Originaltrasse, wandern den schönen Feldweg entlang. Nach ca. 200 m liegt rechts im Wald ein gut erhaltenes **Viadukt,** das über den Schladerbach [84] führt. Wir bleiben jedoch auf der linken Bachseite und wandern durch den Wald, bis der Weg direkt vor einem Haus endet. Dort wenden wir uns scharf nach links, folgen dem Pfad entlang des Zaunes in den Wald hinein. Wir durchwandern ein Waldstück. Auf der Höhe des Gisedewegs biegen wir nach links in den Güterweg Zwicklau ein.

Romantischer Trassenverlauf bei der Punzenbergkehre [78]

Wir marschieren das kurze Stück bis zur nächsten Kreuzung und wandern rechts den Linzer Berg ca. 50 m hinauf, dann biegen wir links in den Güterweg Richtung **Martinstift** ein. Wir gehen auf diesem Güterweg immer geradeaus, bis wir zum Gelände des Diakoniewerkes gelangen. Hier biegen wir scharf nach links ab, immer entlang des Diakoniegeländes. Hier kann man eine herrliche Fernsicht aufs Mühlviertel genießen. Nun sind wir im landwirtschaftlichen Bereich des Martinstiftes. Vorbei an einem **Streichelzoo** links hinunter bis zur Kreuzung. In den Moserweg hinein, nächste Straße Im Weizenfeld links hinein, geradeaus bis zur Bushaltestelle.

Die Bespannung

Der Pferdebestand der Pferdeeisenbahn betrug um die 600 Pferde, großteils schwere Noriker, und war abhängig vom Ausmaß des Güterverkehrs. Die tägliche Marschleistung eines Pferdes betrug bei Güterzügen ca. 42 km und bei Personenzügen ca. 30 km.

Ab 1827 wurde die Bespannung und die damit verbundene Betriebsführung abschnittsweise an Fuhrunternehmer verpachtet, die für Fahrpersonal, Pferde, Futtermittel und Tierarzt zu sorgen hatten. Einer der bedeutendsten Pächter war der Budweiser Schiffsmeister Adalbert Lanna. Er besorgte auch die Salzverschiffung auf der Moldau nach Norden. Erst ab 1846 führte die Gesellschaft die Bespannung in eigener Regie durch.

Vom Land in die Stadt

Engerwitzdorf—Linz

Durch den Bau der Autobahn und der Bundesstraße wurde der Großteil der Pferdeeisenbahntrasse zerstört. Dennoch gibt es einige interessante Relikte. Insgesamt ist der Wanderweg landschaftlich sehr schön. Besonders der überraschende Blick auf Linz ist beeindruckend.

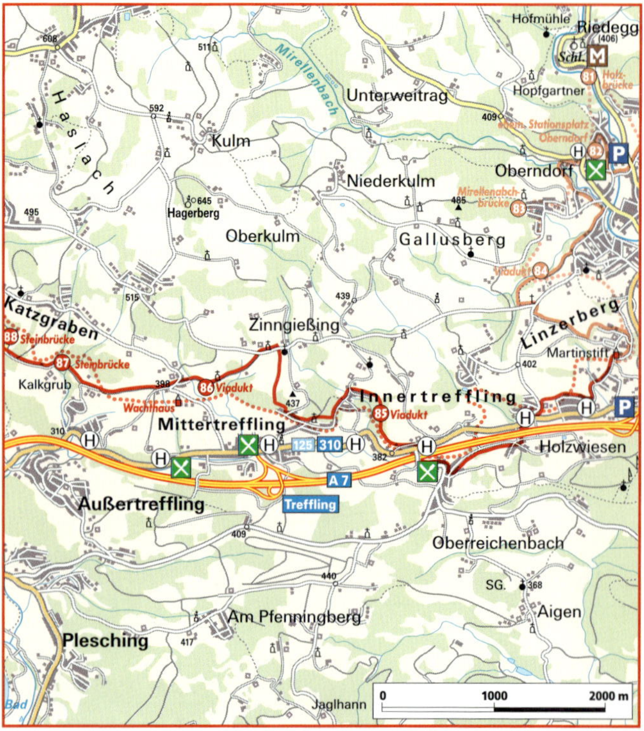

Gehzeit: 1 1/2 Stunden, 7,5 km

➡ **Anreise mit PKW:**

A7, B310 bis Engerwitzdorf – OMV Tankstelle, hier Pendlerparkplatz, Rückfahrt mit Bus ab Haltestelle Kreuzwirt oder Altenberg.

➡ **Anreise mit öffentlichen Verkehrsmitteln:**

Bus bis Engerwitzdorf, Haltestelle Schweinbach, Fußweg hinter Haltestelle entlang bis Kreuzung Moserweg, hier Einstieg in Wanderwegmarkierung. Rückfahrt Haltestelle Altenberger Straße; weniger kompliziert ist die Rückfahrt ab Haltestelle Kreuzwirt, oder von Abfahrtszeiten unabhängig mit Straßenbahn Linie 1.

➡ **Tipp am Weg:**

KünstlerInnen-Atelier im Bauernhof „Kalkgruber". Im übrigen sind die Bauersleute sehr gastfreundlich.

➡ **Thema:**

Historischer Reisebericht

➡ **Einkehr:**

Gasthaus Wolfsjäger „Kreuzwirt", Di Ruhetag; **Mühlviertler Stubn,** Mo Ruhetag, hier gibt's ein köstliches Chili.

➡ **Wegbeschaffenheit:**

Wiesenwege und asphaltierte, wenig befahrene Güterwege.

Wir beginnen unterhalb der **Martinstiftes** am Moserweg und folgen der Markierung nach links. Sehr schön sieht man hier ca. 300 m rechts im Feld die **Einkerbung der Originaltrasse** der Pferdeeisenbahn. Wir wandern durch das Siedlungsgebiet abwärts bis zu dem kleinen eingezäunten Spielplatz, links an diesem vorbei, bis wir zu einem leicht verfallenen Gehöft kommen. Hier biegen wir rechts ab, Richtung Reith, marschieren durch die Siedlung, geradeaus auf den Hof „Schweinberger" zu. Die Originaltrasse führte unterhalb des Hofes. Wir gehen direkt an der Hausflanke des Hofes vorbei zum Güterweg Linzer Berg. Diesem folgen wir links hinab. Von hier hat man einen guten Ausblick auf die Autobahn.

Bei einem Trafohaus angelangt sehen wir sehr gut die Trassenführung der Pferdeeisenbahn, die wir hier queren. Die Original-

Durchlass bei Treffling [85]

trasse führte nun über die Berggasse in den Wald hinein, hier verliert sie sich heute, weshalb wir geradeaus weiter wandern. Wir gelangen zur Bundesstraße, direkt zur Haltestelle Innertreffling, queren hier die Straße, marschieren die Straße einige Meter entlang, vorbei an der gegenüberliegenden Haltestelle und gleich darauf nach links unter der Autobahn durch. Hier gehen wir dann rechts in den Holzweg. Nach ca. 50 m wieder rechts auf der Straße Wanderweg (die Straße heißt wirklich so) durch den Wald, entlang der Autobahn, die man hier nur hört, aber nicht sieht. Wir wandern den Berg hinauf bis zur Kreuzung Steinbruckweg–Kaminweg–Wanderweg. Wir wenden uns scharf rechts und sehen auch schon das Gasthausschild vom **Kreuzwirt.** Wir wandern an ihm vorbei (oder kehren ein), kommen vorbei an der **„Mühlviertler Stubn“,** gehen weiter rechts über die Autobahnbrücke bis zur Bundesstraße. Hier befinden wir uns direkt bei der **Haltestelle Kreuzwirt** (Rückfahrt möglich).

Wir queren die Bundesstraße, gehen links den kleinen Weg hinauf, links hinunter nach ca. 20 m in einen Feldweg hinein. Nun befinden wir uns wieder auf der **Originaltrasse,** die durch schönen Buchenwald führt. Der Weg führt über einen sehr gut erhaltenen **kleinen Viadukt** [85] und mündet in einem Siedlungsgebiet in die Pferdeeisenbahnpromenade. Wir folgen ihr bis zum Wald, in den Wald hinein bis zur Siedlung. Bei der 10-km/h-Tafel gehen wir rechts den Zäunen entlang in den Wald hinein, nach links hinunter bis zur Kreuzung, dann rechts wieder auf die Pferdeeisenbahnpromenade. Beim Verkehrsspiegel halten wir uns rechts, nach ca. 10 m dann scharf links hinein und nach ca. weiteren 20 m rechts in den Wald hinauf. Am Waldrand angekommen gehen wir den Ackerweg geradeaus durch das Feld durch bis zum Güterweg.

Hier haben wir eine wunderbare Sicht auf das Bauernland. Den Güterweg gehen wir links entlang und nach ca. 100 m wieder links hinunter, bis wir zur nächsten kleinen Kreuzung (mit Wegkreuz) kommen. Hier biegen wir links ein, durch ein schönes Waldstück durch. Kurz bevor wir zum Waldrand kommen, sehen wir links unten, beim Bach, ein schönes **Viadukt** der Pferdeeisenbahn [86]. Wir wandern den Feldweg entlang, bis in die Siedlung Zinngießing zur Kreuzung, links ca. 50 m entlang, dann rechts hinein

Gut erkennbarer Trassenverlauf in einem Feld bei Gallneukirchen

zum Zufahrtsweg Kroiss. Diesen schönen, von Obstbäumen gesäumten Feldweg wandern wir entlang, bis zu einem großen Acker. Von hier aus hat man einen **beeindruckenden Blick auf Linz.** Wir queren den Acker, folgen dem Güterweg rechts in den kleinen Wald hinein. Wir folgen hier dem Forstweg bis zum „Kalkgruber" [87]. Wir wandern die Straße hinab zur Altenberger Straße, dort ist die Bushaltestelle. Ganz unabhängig von Buszeiten sind wir, wenn wir noch ca. 1,5 km weiterwandern bis zur Endhaltestelle der Straßenbahnlinie 1. Wir folgen der Altenberger Straße Richtung Linz bis zum Schatzweg. Von dort nach rechts bis zum umgebauten **Wachthaus Nr. 48** [89]. Hier führt uns ein rot markierter Weg mit der Nr. 42 hinunter zum **Schloss Auhof** und zur Straßenbahn.

Historischer Reisebericht

Ein Reisender berichtet in seinem Tagebuch vom 7. September 1837 begeistert von seiner Reise mit der Pferdeeisenbahn von Urfahr nach Budweis:

„Morgen ist ein großer Tag. Ich fahre mit Annerl nach Budweis. Wir freuen uns wie Kinder auf diese Reise mit einer Schienenbahn. Man soll nicht glauben, wie die Technik fortschreitet!

In England soll es bereits Dampfbahnen geben. Es ist neun Uhr abends. Ich muss zu Bett, sonst verschlafe ich mich.

Um 3 Uhr morgens verließ ich mein Wohnhaus und holte Annerl ab. Der Vater führte uns in die Stadt Linz und von dort über die Holzbrücke nach Urfahr, wo wir schon von weitem den Hauptbahnhof mit der Aufschrift „K.K. priv. erste Eisenbahn-Gesellschaft" erblickten. Es war 1/2 5 Uhr und ein herrlicher Frühherbsttag. Vor der Abfahrt waren viele Formalitäten zu erledigen. Der Bahnbeamte musste auf den Fahrscheinen den Bestimmungsbahnhof, das Datum, die Zeit usw. eintragen. Als wir

den Bahnhof betraten, war unser Eisenbahnstellwagen bereits reisefertig. Dieser sah wie ein gewöhnlicher Postwagen aus, wurde von einem Pferd gezogen, bewegte sich aber auf Flachschienen fort. Die Fahrt ging pünktlich um fünf Uhr früh los. Wie angenehm lässt es sich doch mit so einer Schienenbahn reisen! Kein Rumpeln, kein Stoßen – man gleitet dahin wie im Himmel! Die Fahrt ging zuerst die Leonfeldnerstraße entlang, dann durch den Haselgraben, und bald war das freundliche St. Magdalena als erste Station erreicht, wo wir einen herrlichen Ausblick über das Donautal genossen. Rasch aber ging es weiter und die Gegend flog nur so an uns vorüber. Bei großer Steigung wurde ein zweites Pferd vorgespannt. Ein Stück vor Lest wurde unsere Reise durch einen mit Weinfässern beladenen Zug unliebsam unterbrochen. Da die Strecke eingeleisig ist, blieb uns nichts anderes übrig – wollten wir nicht bis zur nächsten Ausweichstelle zurückfahren – als gemeinsam mit dem Kutscher unseren Stellwagen aus den Schienen zu heben und den Gegenzug passieren zu lassen. Nachdem wir dann unser Gefährt wieder in die Schienen gebracht hatten, konnten wir gemächlich unsere Reise fortsetzen.
Um 12 Uhr mittags erreichten wir die Station Kerschbaum. Hier hielten wir Mittagsrast und bekamen in der Bahnhofsrestauration für bloß 70 Kreuzer ein vorzügliches Mittagessen. Dann gings rasch der österreichisch-böhmischen Grenze zu. Wir waren über das landschaftliche Panorama begeistert. Langsam ging der Tag zur Neige und um 7 Uhr abends erreichten wir todmüde Budweis. Trotz aller Strapazen wird uns diese Fahrt unvergesslich bleiben.“

Die Pferdeeisenbahn-promenade

Linz—St. Magdalena

*Die prächtige Pferdeeisenbahnpromenade, die sich über hohe Stützmauern und Steinbrücken durch den herrlichen Mischwald des Magdalena-Berges schlängelt, stellt wohl **eines der besterhaltensten** und vor allem **gepflegtesten Trassenstücke** der Pferdeeisenbahn dar.*

Gehzeit: 1–1,5 Stunden, 4,5–6 km

➡ **Anreise individuell:**
A7, Abfahrt Dornach/Auhof, bis Schloss bzw. Gasthof Auhof; Rückfahrt mit Straßenbahnlinie 1

➡ **Anreise mit öffentlichen Verkehrsmitteln:**
Straßenbahn Linie 1 bis Endstation Auhof

➡ **Tipp am Weg:**
Der „Mostbauer" am Schatzweg hält schmackhafte Jausen bereit! Der „Landgasthof Oberwirt" in St. Magdalena bietet eine der schönsten Aussichtsterrassen über Linz!

➡ **Thema:**
Kaiserfahrt

➡ **Einkehr:**
Direkt am Endpunkt der Wanderung: **Landgasthaus Oberwirt,** Mo Ruhetag, Di ab 17 Uhr, Mi–Sa 10–24 Uhr, So 9–20 Uhr.
Am Anfang der Wanderung: **Mostbauer Schatz,** Schatzweg 50, Tel.: 0732/246015, Öffnungszeiten unregelmäßig!

➡ **Wegbeschaffenheit:**
Durchgehend wunderbare, gepflegte Wanderwege.

Einstieg 1: ab Kalkgrub

Die Verbindung des Wanderweges von Kalkgrub zum Schatzweg war während des Entstehens dieses Buches erst in Planung. Die geplante Route wird hier kurz beschrieben. Sie ist jedoch noch nicht beschildert und befestigt, dennoch für Spurensucher mit gutem Schuhwerk begehbar.

Vom Kalkgruber wandern wir den Güterweg weiter hinab bis zur Altenberger Straße, gehen diese ca. 50 m entlang, queren sie, gehen die Straße Richtung **Elmberg** hinauf und biegen nach ca. 150 m links die Forststraße hinein. Diese wandern wir bis zum Ende des Waldes und queren nun ein Feld auf dem Feldweg. Von hier aus hat man einen faszinierenden Blick auf Linz. Nun kommen wir zum **Schatzweg.**

Einstieg 2: Schloss Auhof

Nördlich vom **Schloss Auhof** wandern wir den rot/weiß/rot markierten **Wanderweg Nr. 42** durch den schönen Mischwald bergauf bis kurz vor dem Schatzweg. Wir kommen am stark veränderten **Wachthaus Nr. 48** [89] vorbei. Hier biegen wir links in den Pfad hinein ab. Der Mostbauer auf der rechten Seite oberhalb am Schatzweg ist für seine üppigen Jausen bekannt, eine Einkehr ist zu empfehlen! Wir marschieren unterhalb des Mostbauern vorbei, entlang von kleinen Wochenenddomizilen, bis wir über einen tiefen Einschnitt auf die **gut erhaltene Pferdeeisenbahntrasse** im Wald kommen. Hier wandern wir durch den schönen Mischwald die **Pferdeeisenbahnpromenade** [90] entlang bis St. Magdalena. Historischen Relikten der Pferdeeisenbahn begegnet man hier auf Schritt und Tritt. Und alle sind bestens renoviert. **Steinbrücken, Viadukte** und **Stützmauern** sind bestens erhalten. Dieser Abschnitt lässt uns die Schönheit einer Fahrt mit der Pferdeeisenbahn erahnen [91]. Auch für Vogelliebhaber ist hier gesorgt, ein interessanter **Vogellehrpfad** macht uns mit den Gewohnheiten der heimischen Vogelwelt vertraut. Wenn wir aus dem Wald herauskommen, eröffnet sich ein wunderbarer Blick über Linz. In St. Magdalena [92] muss man fast auf der herrlichen Aussichtsterrasse des **Landgasthofes Oberwirt** eine Rast einlegen, bevor man sich entweder zu Fuß oder mit dem Bus nach Linz hinab begibt.

Die Trasse der Pferdebahnpromenade bei St. Magdalena [90]

Linz—St. Magdalena. Ein Gleisstück an der Pferdebahn-Promenade. [91]

Die Kaiserfahrt

Am 21. Juli 1832 konnte die „Ankunft Ihrer Majestäten des Kaisers und der Kaiserin von Österreich in St. Magdalena, bey der Eröffnung der Eisenbahn von Linz nach Budweis“ gemeldet werden. Zahlreiche Aquarelle, Stiche und Lithographien zeugen von diesem Ereignis.

Wie in der „K.K. privilegierten Linzer Zeitung“ nachzulesen ist, kam der Kaiser nochmals im September und August:

„Den 15. d. M. Nachmittags haben seine Majestät die von hier nach Budweis führende Eisenbahn eine Strecke über Magdalena hinaus befahren, in letzterem Ort aber, wo ein die schönste Aussicht in das Donauthal und die steyerischen Gebirge gewährender Punct ist, die Eisenbahnbaupläne in Augenschein zu nehmen geruht.“

Die Geschichte der Pferdeeisenbahn

DIE VORGESCHICHTE

Seit **Salz** im Salzkammergut abgebaut wurde, gab es in den Ländern Mitteleuropas einen regen Handel mit diesem wertvollen Gut. Der damit verbundene Frachtverkehr wurde, sofern die Möglichkeit bestand, auf Flüssen und Kanälen abgewickelt. Der Transport auf dem Landweg war aufgrund der mangelhaften Straßen sehr mühsam und kostspielig. Durch die **Höhen des Böhmerwaldes** war eine Wasserverbindung zwischen dem Donauraum und Böhmen nicht möglich. Das Salz wurde mit Schiffen und Flößen auf der Traun und der Donau nach Linz und Mauthausen transportiert. Nachdem es dort auf Straßenfuhrwerke umgeladen worden war, ging es auf dem Landweg über den Kerschbaumer Sattel nach Budweis, dem böhmischen Hauptstapelplatz für Salz. Schon seit dem 14. Jahrhundert gab es unterschiedlichste Überlegungen und Vorschläge, die Donau mit Moldau und Elbe zu verbinden. Keine kam jedoch über die Planungsphase hinaus, da sie alle viel zu kostspielig und bautechnisch zu aufwändig und zu schwierig waren.

Im Jahr 1807 gründeten 46 Adelige des damaligen Kaiserreichs eine Handelsgesellschaft mit Sitz in Prag, mit dem Ziel, eine günstige Verbindung zwischen Donau und Moldau zu errichten. **Dr. Franz Josef Ritter von Gerstner,** ein Professor für höhere Mathematik und Mechanik, wurde als technischer Berater angestellt.

DIE IDEE EINER PFERDEEISENBAHN

Nach Prüfung der vorliegenden **Kanalpläne** kam Gerstner zur Erkenntnis, dass für dieses schwierige und extrem kostenintensive Vorhaben 275–310 Schleusen erforderlich wären. Daher schlug er eine Landverbindung mittels Pferdeeisenbahn, welche er in England gesehen hatte, vor. Damit begann in Österreich die Geschichte der öffentlichen Eisenbahn. Der Vorschlag wurde angenommen und Gerstner beauftragt, die günstigste Bahntrasse zu erheben. Nachdem er einen ersten Plan, eine Kombination Bahn und schiffbar gemachte Moldau, verwarf, schlug er die Linie Budweis, Welleschin, Kaplitz, Freistadt, Mauthausen vor. Doch der Bau kam wegen des im Jahr 1809 ausgebrochenen Krieges zwischen Österreich und Frankreich nicht zustande.

Erst 1818 erinnerte sich der Präsident der Wiener Kommerz-Hofkommission (Handelsministerium) an die Pläne Gerstners und beauftragte dessen Sohn **Franz Anton Ritter v. Gerstner** mit der Wiederaufnahme des Vorhabens. Gemeinsam mit dem Vater entwickelte Gerstner die Pläne weiter. Gerstner jun. reiste 1822 nach England, wo der Eisenbahnbau schon weit fortgeschritten war und studierte dort die in Betrieb stehenden Eisenbahnen. Nach eingehenden Untersuchungen entschied er sich für den **Bau einer Eisenbahnlinie** von Budweis über den Kerschbaumer Sattel nach Mauthausen.

Finanzierung

Der Bau der Pferdeeisenbahn war nur mit Mitteln der Hochfinanz zu bewerkstelligen. Das riesige Unternehmen bedurfte natürlich auch einer entsprechenden Organisationsform. Die Gründung einer Aktiengesellschaft war sicherlich die dafür geeignetste. Damit war aber auch der Grundstein für spätere Interessensgegensätze zwischen den Aktionären und der Bauleitung gelegt. Denn die Wünsche nach einer ordentlichen Dividende auf der einen Seite und das technisch ehrgeizige Projekt, eine in die Bahnzukunft weisende Anlage, die viel Geld kosten würde, zu errichten, auf der anderen Seite, passten schwer zusammen.

1823 suchte Gerstner bei Kaiser Franz I. in Wien um ein Privileg zur Errichtung einer Holz- und Eisenbahn an, das ihm am 7. Sep-

Zeitgenössische Darstellung des Salztransportes auf der Eisenbahn. (Nach einem Stich von Anton Leitner um 1826)

Überzeugungsarbeit

Vater und Sohn Gerstner traten den Hürden der Wiener Behörden mit einer geschickten „Werbekampagne" entgegen. Im Wiener Prater bauten sie eine 120 Klafter (228 m) lange Versuchsbahn auf, um den geringeren Energieaufwand einer „Holz- und Eisenbahn" zu veranschaulichen. Dies stellte auch eine Zeichnung dar, die das herkömmliche Straßenfuhrwerk (zwei Pferde ziehen einen Wagen) in Konkurrenz mit der Eisenbahn (ein Pferd zieht drei Wagen) zeigt. Das Unternehmen hatte Erfolg.

tember 1824 auf 50 Jahre erteilt wurde. Gerstner trat das Privileg an eine Gruppe Wiener Bankhäuser ab. Diese gründeten eine Aktiengesellschaft mit dem Namen **„K. k. privilegierte erste Eisenbahn-Gesellschaft"** und bestellten Gerstner zum Bauführer.

DER BAUBEGINN

Am 27. oder 28. Juli 1825 wurde in Böhmen in der Nähe von Netrobitz der **Spatenstich** durchgeführt. Von Anfang an war das Bauvorhaben von technischen, finanziellen und sozialen Problemen und Fehlern überschattet. Gerstner verkalkulierte sich beim erwarteten Frachtaufkommen, der Verkauf der Aktien entsprach nicht dem Plan, es bestand ein Mangel an Bauarbeitern und die Grundbesitzer machten große Schwierigkeiten beim Grundverkauf.

Trotz dieser Probleme ging der Bau letztendlich zügig voran. 1827 wurde ein **Probegüterzug** zwischen Trojern bei Zartlerdorf und Budweis aufgenommen. Zwei Monate später musste er jedoch aus Fracht- und Geldmangel wieder eingestellt werden. Im Oktober 1828 wurde der Güterverkehr auf der Strecke Budweis—österreichische Grenze wieder aufgenommen, im Dezember 1928 bis Pramhöf. Gerstner, der den Kostenvoranschlag bei weitem nicht einhalten konnte, verlor das Wohlwollen der Aktionäre. Als es auch noch zu einem Zerwürfnis zwischen Gerstner und seinen Ingenieuren kam und dieser, gesundheitlich angeschlagen, nach Bad Ischl zur Kur musste, trennte sich die Gesellschaft von ihm. 1828 übertrug die Direktion die Bauleitung an **Ingenieur Schönerer** und Oberingenieur Schmidl. 1829 wurde Schönerer als Bauleiter eingesetzt. 1830 beschloss man den Endpunkt der Bahnlinie von Mauthausen nach Urfahr zu verlegen.

Durch eine **verbilligte Bauweise,** mit engeren Kurvenradien, größeren Steigungen und dem Bau von drei Gegensteigungen schritten die Arbeiten verhältnismäßig schnell voran, diese Einsparungen machten jedoch auch eine spätere Umstellung auf **Dampflokomotivbetrieb** unmöglich.

DER BETRIEB

Und so konnte Kaiser Franz I. bereits am 21. Juli 1832 eine Besichtigungsfahrt von Urfahr nach St. Magdalena unternehmen. Am **1. August 1832** wurde der Verkehr nach einer Bauzeit von sieben Jahren auf der gesamten Strecke von Budweis nach Urfahr aufgenommen. 1834 begann der Ausbau der Teilstrecke von Linz-Ziz-lau bis Gmunden. Dieser Abschnitt war bautechnisch wesentlich leichter zu bewältigen als der Abschnitt Linz—Budweis, da das

„Ankunft Ihrer Majestäten des Kaisers und der Kaiserin von Österreich in St. Magdalena, bey der Eröffnung der Eisenbahn von Linz nach Budweis am 21ten July 1832."

ebene Gelände wenig Schwierigkeiten machte. Die gesamte Strecke Linz—Gmunden/Traundorf konnte schon nach einer Bauzeit von zwei Jahren 1836 in Betrieb genommen werden.

Die Salzschiffer

Soziale Konsequenzen hatte der Bahnbau der Strecke Linz—Gmunden vor allem für das Gewerbe der Salzschiffer. Den Ort **Stadl** traf es besonders hart, lebte dieser Ort fast zur Gänze von der Salzschifffahrt. Der komplette Transport des Salzes und auch der meisten anderen Güter wurde nun mit der Pferdeeisenbahn durchgeführt, was die Stadler um ihre Existenzgrundlage brachte. Zahlreiche Bittschriften, sie doch irgendwie in den Salztransport einzubinden, fruchteten nicht. So griffen sie zu härteren Maßnahmen. Im April 1848 marschierten rund sechzig Mann zur verhassten Eisenbahn und rissen auf einer Länge von 110 Klaftern Schienen und Schwellen heraus. Als die ausgeforschten Täter zur Sache befragt wurden, bestritten sie jegliche Böswilligkeit. Es wäre das einzig wirksame Mittel gewesen, die Öffentlichkeit auf ihre Notlage aufmerksam zu machen. Weil das Elend der Stadler so offensichtlich war, wurden die Angeklagten freigesprochen. An ihrer Lage änderte dies freilich nichts. Für die Salzschifffahrt gab es kein Emporkommen mehr.

Um einen reibungslosen Betrieb zu gewährleisten, wurden sieben große **Stationen,** drei **Umspannstationen** und alle 2,8 km ein **Wachthaus** errichtet.
Eigentlich war die Eisenbahn für den Frachtverkehr gebaut, aber schon bald nahmen immer mehr Passagiere die „Annehmlichkeiten" der Bahn in Anspruch.

Der Frachtverkehr

Gefahren wurde in den sogenannten „Bezügen". Das heißt, ein Transport bestand aus insgesamt 36 Wagen, später waren es sogar bis zu 90, von denen ein bis sechs Wagen auf einen „Bezug" mit einem Kutscher und ein bis zwei Pferden zusammengefasst wurden. Diese Bezüge fuhren im Abstand von etwa 150 Metern mit einer Geschwindigkeit von 3 bis 4,5 km. Salz wurde in großen Fässern transportiert.

DAS ENDE

Die technische Entwicklung ging jedoch so rasant voran, dass die **Dampflok** die Pferdeeisenbahn bald überholte.

25 Jahre nach den ersten Vorschlägen F. A. v. Gerstners entschloss sich die Eisenbahngesellschaft zum **Dampfbetrieb** überzugehen. Der Startschuss dazu fiel 1855 auf der Gmundner Linie, während die Budweiser Strecke für den Dampfbetrieb erst allmählich umgebaut werden sollte. Schritt für Schritt wurde der Betrieb der Pferdeeisenbahn eingestellt. 1870 auf der Strecke Budweis—Kerschbaum, ein Jahr später zwischen Zartlesdorf (heute Rybník) und Kerschbaum. Es wurde mit dem Abbruch bzw. Verkauf der nicht mehr benötigten Bahnanlagen begonnen. Am **15. Dezember 1872** traf der letzte Pferdeeisenbahnzug in Lest ein. Am 13. Juni 1874 war die Auflösung der Pferdebahnstrecke Freistadt—Linz abgeschlossen. Die Einrichtungen der Pferdeeisenbahn waren nach der Betriebseinstellung funktionslos geworden. Die Gründe und Gebäude wurden verkauft, Teile der Trasse planiert.

Pferdeeisenbahn Kerschbaum

➡ **Gasthaus und Museum:**

Kerschbaum 61, A-4261 Rainbach im Mühlkreis. Tel.: 07949/6800.

➡ **Internet:**

http://www.pferdeeisenbahn.at

➡ **Geöffnet:**

Mai–Oktober: Sa, So und Feiertags von 10–16 Uhr. Juli/August täglich von 14–16 Uhr, Gruppen ab 15 Personen jederzeit nach telefonischer Vereinbarung. An den vier Adventsonntagen Adventfahrten und Adventmarkt.

Die Pferdeeisenbahn – sie fährt wieder!

Seit 1996 kann man beim behutsam renovierten Scheitelbahnhof in Kerschbaum wieder eine Fahrt mit der Pferdeeisenbahn erleben! In mühevoller Handarbeit wurde der historische **Luxuswagen** „Hannibal II" und der **Gesellschaftswagen** „Franz Josef" nachgebaut. 500 m Schienen wurden auf der Originaltrasse verlegt. Die Geleise bestehen wie damals aus Holzschienen, auf die Flacheisen mit handgefertigten Nägeln, die vom örtlichen Schmied geschmiedet wurden, befestigt sind.

Das Pferdeeisenbahn-Museum in den ehemaligen Stallungen im Pferdeeisenbahnhof Kerschbaum.

Fahrt mit Gesellschaftswagen Franz Josef

In den ursprünglichen Räumen der **ersten öffentlichen Bahnhofsrestauration** am europäischen Kontinent im Scheitelbahnhof wurde 1999 wieder der Gastbetrieb aufgenommen. Kulinarische Besonderheiten wie **„Rossknödl"** und **„Gleishupfa"** werden serviert. Man fühlt sich hier durch die historische Kleidung des Personals in die Zeit des Biedermeier zurückversetzt. Alle Damen tragen Biedermeierkleider und die Herren die blaue **Kutschertracht** der historischen Pferdeeisenbahner und stolz den schwarzen Tschako mit Rossschweif am Kopf. Die Pferdeeisenbahn „schnaubt" und „stapft" unermüdlich zwischen dem Aufsitzplatz beim **historischen Salettl** und dem Bahnhof hin und her, um Gäste an- bzw. abzutransportieren.

Und wer mehr über das Leben und die Technik der ersten Eisenbahner erfahren möchte, der findet im **Pferdeeisenbahn-Museum** viel Hintergrundinformation. Den herrlichen Rahmen für dieses Museum bilden die liebevoll renovierten ehemaligen Gewölbestallungen des Bahnhofs. Sogar der mächtige Dachboden des Bahnhofs wurde wieder zugänglich gemacht. Hier finden übers Jahr hinweg verschiedenste Veranstaltungen und Ausstellungen statt. Besonders beliebt ist der **Adventmarkt** an den vier Adventsonntagen. Das Angebot am Pferdeeisenbahnhof wird ständig erweitert und so gibt's Jahr für Jahr einen neuen Mosaikstein rund ums Thema Pferdeeisenbahn.

Renoviertes Stationsgebäude in Kerschbaum mit Museum und Gaststätte.

Mühlviertler Kernland

Das Mühlviertler Kernland liegt eingebettet in die grüne waldreiche Granitlandschaft des Mühlviertels. Im Norden grenzt es an Südböhmen. Es darf sich mit seinen unzähligen spannenden Kleinmuseen **„museumsdichteste Region Oberösterreichs"** nennen.
Neben tollen Freizeit- und Sportmöglichkeiten wie Radfahren, Reiten, Golf, Tennis und Wandern hält das Mühlviertler Kernland ein reichhaltiges Angebot an Kultur und Kunst, gepflegter Gastronomie und Hotellerie, sowie erholsamen Urlaub am Bauernhof für seine Gäste bereit. Folgende Angebotsbereiche wurden für die Gäste ausgearbeitet: **Mühlviertler Museumsstraße, Erlebniswelt Freistadt, Wandern im Kernland** (Vogelkundeweg, Kulturwanderweg, Pferdeeisenbahn-Erlebniswanderweg, Thurytal Wanderweg), **Kernland Individual, Kernland Pferdeeisenbahn.**
Nähere Informationen: Mühlviertler Kernland, Hauptplatz 14,
A-4240 Freistadt, Tel.: 07942/75700, Fax: 75700-20
e-mail: info.kernland@netway.at,
Internet: http://www.tiscover.com/kernland

Bujanov

650 m Seehöhe, 556 Einwohner

In Bujanov bei der Bahnhaltestelle beginnt/endet der Pferdeeisenbahn-Wanderweg.

Pferdeeisenbahn-Stationsgebäude

➡ Sehenswürdigkeiten:

Pferdeeisenbahn-Museum im ehemaligen Bahnwärterhäuschen, geöffnet Sa, So 9–12 und 13–16 Uhr. Besuche und deutschsprachige Führungen sind nach telefonischer Vereinbarung jederzeit möglich. Gemeindeamt Bujanov: Tel.: 0042/0336/327054. Stationsgebäude Bujanov, neben Museum, sehr gut und ursprünglich erhalten. Burg Louzek.

➡ Essen:

Gasthaus nahe des Museums, Mo, Di Ruhetag, in der Saison durchgehend geöffnet.

➡ Nähere Informationen:

Gemeindeamt Bujanov, Tel.: 0042/0336/327054

Engerwitzdorf

333 m Seehöhe, 7.400 Einwohner

Mit einem Fuß in der sanften Hügellandschaft des Mühlviertels und mit dem anderen schon in der pulsierenden Landeshauptstadt Linz – so könnte man die Lage von Engerwitzdorf beschreiben. Von einer reinen Agrargemeinde entwickelte sich die Gemeinde in den letzten Jahren zu einer begehrten Wohngemeinde. Engerwitzdorf bietet auch Platz für moderne Architektur, das Gemeindeamt ist ein Beispiel dafür. Auch der Tourismus ist der Gemeinde ein Anliegen, Engerwitzdorf ist daher Mitglied der Region Gusental.

Gemeindeamt Engerwitzdorf

➡ Sehenswürdigkeiten:

Das Ägidikirchlein steht auf der Felskanzel des von Wald umgebenen Hohensteins. Man vermutet

hier einen alten heidnischen Kultplatz. Die Kapelle ist ein spätgotischer, im Inneren barockisierter Bau. Der Schlüssel kann beim Bauernhof Wall (Pfingsterbauer) ausgeliehen werden.
Gutes Sport- und Kulturangebot, Brauchtumspflege, sechs interessante Wanderrouten.

➡ Essen und Schlafen:

Gasthaus Wolfsjäger „Kreuzwirt“, Katsdorfer Straße 16, 4210 Engerwitzdorf, Di Ruhetag, 10 Gästezimmer, Tel.: 07235/62274.
Gasthaus Gerhard Hofer „Mühlviertlerstubn“, Katsdorfer Straße 16, 4210 Engerwitzdorf, Mo Ruhetag, Tel.: 07235/62366. Zahlreiche weitere Gasthäuser und Cafes im Ort.

➡ Nähere Informationen:

Gemeindeamt, Leopold-Schöffl-Platz 1, 4210 Engerwitzdorf,
Tel.: 07235/66955

Freistadt

560 m Seehöhe, 7350 Einwohner

Romantische Stadt mit fast vollständig erhaltener mittelalterlicher Stadtbefestigung mit Türmen, Toren und Mauern. Stadtkern ca. 3 km vom Pferdeeisenbahn-Wanderweg entfernt.

➡ Sehenswürdigkeiten:

Mittelalterliche Altstadt; Katharinenmünster, Liebfrauenkirche, Johanneskirche; Mühlviertler Schlossmuseum Freistadt, Geöffnet: Mo–So 9–12 und 14–17 Uhr; Brauerei, gegründet 1777; Marienbrunnen; Mittelalterlicher Erlebnispfad Freistadt, Wanderweg ins Thurytal.

Scheiblingturm

➡ Essen und Schlafen:

Hotel Goldener Hirsch / Deim, Hotel Goldener Adler („Wirt im Pferdeeisenbahnland“), Gasthof Tröls, Ratsherrnstube, Stadtwirt Satzinger, Pension Pirkelbauer, Pension Hubertus …

➡ Nähere Informationen:

Mühlviertler Kernland, Hauptplatz 14, 4240 Freistadt,
Tel.: 07942/75700.

Gallneukirchen

336 m Seehöhe, 6.190 Einwohner

„Stadt erleben, Land genießen“, so der Slogan der Klimabündnis- und Europagemeinde, Mitglied der Region Gusental! Sogar eine eigene Währung haben sie entwickelt, den „Gusentaler“ – eine wunderschöne Münze mit der Pferdeeisenbahn als Motiv.

Mirabellenbachbrücke

➡ Sehenswürdigkeiten:

Katholische Pfarrkirche, ein spätgotisches Bauwerk mit interessantem Hochaltar und barockem Gallustor. Evangelische Christuskirche, gotischer Karner, Heimathaus, Diakoniewerk, Afrika-Museum im Schloss Riedegg.

➡ Essen und Schlafen:

Am Wanderweg: Wirtshaus „Zur Gusenschänke“, Veitsdorfer Weg 10, Mo–Sa ab 16 Uhr, Sonn- und Feiertag ab 10 Uhr, Mi Ruhetag. Tel.: 07235/63831. Tennishalle Mayr&Mayr GesmbH, Badweg 3, tägl. 9–24 Uhr, Tel.: 07235/64400. Gästehaus Waldheimat (ehemaliges Pferdeeisenbahngelände), Oberndorf 23, tägl. 7–20 Uhr, Selbstbedienung, Gästezimmer, Tel.: 07235/64951-0.
Abseits des Wanderweges: Mariannhiller Missions- und Bildungshaus Schloss Riedegg, Riedegg 1, 4211 Alberndorf/Riedmark., Tel.: 07235/66244. Im Ort gibt es noch zahlreiche Gasthäuser, Pubs und Cafés. Zwei Jausenstationen „Mirellenstüberl“, Mo, Di, Mi Ruhetag, Tel.: 07235/64210 und „Zur Alm“, Mo, Di Ruhetag, Tel.: 07235/62211. Außerdem bietet Gallneukirchen eine Vielzahl von Sport- und Freizeitmöglichkeiten.

➡ Nähere Informationen:

Gemeindeamt Gallneukirchen, Reichenauer Str. 1, 4210 Gallneukirchen, Tel.: 07235/63155 oder: www.gallneukirchen.at,
e-mail: marktgemeinde@gallneukirchen.at.

Kefermarkt

512 m Seehöhe, 2.100 Einwohner

➡ Sehenswürdigkeiten:

Schloss Weinberg mit Brauerei, Mo–Fr 8–17 Uhr, Führungen öS 15,–/P., Tel.: 07947/65450. Pfarrkirche Kefermarkt mit weltberühmtem gotischem Flügelaltar, ganztägig geöffnet, Führungen Tel.: 07947/5910-14. Pendellehrpfad, Führungen unter Tel.: 07947/5910-14 od. 7277, öS 40,– ab 12 Pers., sonst Pauschale öS 500,–.

Schloss Weinberg, Adventmarkt

➡ Essen und Schlafen:

Am Wanderweg: „Wirt im Pferdeeisenbahnland" Gasthaus Mader, Lest 39, Do Ruhetag, Gästezimmer, 07941/8260.
Im Ort: Gasthof Horner, Di Ruhetag, Gästezimmer, Tel.: 07947/6220. Gasthaus Zehethofer, Mo Ruhetag, Gästezimmer, Tel.: 07947/6277. Schlossbrauerei Weinberg, Mo Ruhetag, Gästezimmer, Tel.: 07947/7111 oder 6202.

➡ Nähere Informationen:

Marktgemeindeamt, A-4292 Kefermarkt, Tel. 07947/5910.

Leopoldschlag

626 m Seehöhe, 1.115 EW

Diese Marktgemeinde liegt nahe der tschechischen Grenze.

➡ Sehenswürdigkeiten:

Kontinentale Wasserscheide (an Prager Bundesstraße), Wallfahrtskirche „Maria Schnee am Hiltschnerberg", Pranger, Johannes-Säule, Marktbrunnen, diverse Wanderwege.

Denkmal Kontinentale Wasserscheide

➡ Essen und Schlafen:

Am Wanderweg: Gasthaus Magerl, Dorf Leopoldschlag 53, Tel.: 07949/8210. Gasthaus Franzosenhof, Wullowitz 1, Mo Ruhetag, Tel.: 07949/8284. Kollers Ferienparadies, Eisenhut 8, warme Küche bei Voranmeldung, Appartements, Urlaub am Bauernhof, ideal für Kinder, Tel.: 07949/8245. Weitere Gasthäuser im Ort.

➡ Nähere Informationen:

Marktplatz 17, 4262 Leopoldschlag, Tel.: 07949/8255.

Linz

260 m Seehöhe, 210.000 Einwohner

Linz ist die Landeshauptstadt von Oberösterreich und die drittgrößte Stadt Österreichs. Einst römisches Kastell, im Mittelalter Kaiserresidenz, heute dynamisches Wirtschafts- und Handelszentrum mit über 1000-jähriger Geschichte und Kultur.

Hauptplatz

Die Pferdeeisenbahn in Linz: Heute noch zu sehen das Gebäude des „Südbahnhofs" der Pferdeeisenbahn in der Khevenhüllerstraße, Büste des Planers der Pferdeeisenbahn F. A. Ritter v. Gerstner bei der ÖBB-Direktion in der Kärntnerstraße, Überreste der ehem. Brücke über den Haselgraben, die alte Trasse mit zahlreichen renovierten Relikten in St. Magdalena. Hier ist auch der Ausgangs-/Endpunkt des Pferdeeisenbahn-Wanderweges.

➡ Sehenswürdigkeiten:

Historische Altstadt mit barockem Hauptplatz, Linzer Schloss, Neuer Dom, Stadtmuseum Nordico, Neue Galerie, Botanischer Garten, Pöstlingberg mit der steilsten Schienenbahn Europas, Grottenbahn, Tiergarten, Ars Electronica Center, O.K. Centrum für Gegenwartskunst, Schiffsausflüge, Altstadtrundfahrten mit dem Minizug „City-Express", etc.

Schiffsausflug auf der Donau

➡ Besonderer Tipp:

Linz-Arrangements – fragen Sie nach den preisgünstigen Wochenendangeboten mit dem „Linz City Ticket".

➡ Nähere Informationen:

Tourist Information Hauptplatz,
A-4010 Linz, Tel.: 0732/7070-1777,
Fax: 0732/772873,
e-mail:info.linz@upperaustria.or.at
homepage: www.linz.at

Neumarkt

629 m Seehöhe, 3.020 Einwohner

➡ Sehenswürdigkeiten:

Erlebnislehrpfad am Pferdeeisenbahn-Wanderweg, Mostmuseum beim Wirt z'Trosselsdorf, Tel.: 07941/8217, erreichbar über markierten Wanderweg ab Stroblmühle, ca. 2 km.

➡ Essen und Schlafen:

„Wirt im Pferdeeisenbahnland" Gasthaus Ochsenwirt, Marktplatz 11, Do Ruhetag, Tel.: 07941/8238. J&M's Marktstube, Marktplatz 8, Mi Ruhetag, Tel.: 07941/8393. Fleischhauerei Wabro, Marktplatz 7, Mo Nachmittag Ruhetag. Gasthaus Kurvenwirt, Freistädter Straße 8, Mo Ruhetag, 8 Gästezimmer, Tel.: 07941/8213. Frühstücks-Pension Hackermüller, Kreuzweg 3, 8 Doppelzimmer, Tel.: 07941/8345-0.

Bahnwärterhaus Nr. 39

➡ Nähere Informationen:

Gemeindeamt, Marktplatz 1, 4212 Neumarkt. Tel.: 07941/8255-0.

Rainbach im Mühlkreis

713 m Seehöhe, 3170 Einwohner

Rainbach ist heute mit der kleinen Ortschaft Kerschbaum das Zentrum des Pferdeeisenbahn-Erlebnisses.

Der Ortskern Rainbach ist ca. 2 km vom Pferdeeisenbahn-Wanderweg entfernt.

➡ Sehenswürdigkeiten:

Pferdeeisenbahnhof Kerschbaum mit revitalisierter Pferdeeisenbahn und Pferdeeisenbahnmuseum (siehe Seite 71), Infos: Pferdeeisenbahnmuseum und Gasthaus, Kerschbaum 61, 4261 Rainbach im Mühlkreis Telefon und Fax: 07949/6800.
homepage: www.pferdeeisenbahn.at
Naturdenkmal Heidenstein in der Ortschaft Eibenstein: Steinformation mit Opferscha-

Heidenstein mit Opferschalen

len, alter Kultplatz. Im Sommer Keltenfeste, Infos Gasthaus Pils „Zum hohen Stein", Tel.: 07949/6234.

Wäschepflegemuseum: Hier wird die Geschichte des Wäschewaschens und die Entwicklung der Waschmaschine gezeigt. Geöffnet: Mai–Sept., So 14–17 Uhr, Mi 17 Uhr, für Gruppen nach Voranmeldung, Tel.: 07949/6880.

Wäschepflegemuseum

Pfarrkirche: Chor mit steilem Kreuzrippengewölbe, sieben Meditationsfenster der Künstlerin Margret Bilger

➡ Essen und Schlafen:

Bei den drei „Wirten im Pferdeeisenbahnland" Gasthof Blumauer, „Erfinder" der Rossknödel, Marktplatz 8, Gästezimmer, Do Ruhetag, Tel.: 07949/6243. Gasthaus Pils „Zum hohen Stein", Eibenstein 16, A-4193 Reichenthal, Mo, Di Ruhetag, Tel.: 07949/6234. Gasthof „Zur Pferdeeisenbahn", Kerschbaum, Di Ru-

hetag Tel.: 07949/6322. Gasthof Scherb, Marktplatz 11, Gästezimmer, Mi Ruhetag, Tel. 07949/6215. Gasthaus Stöglehner „Fischerstube“ Lichtenauer Str. 39, Tel.: 07949/6441. Tennisalm Schneiderbauer, Summerau 220, Mo, Di, Mi Ruhetag, Tel.: 07949/6777. Gasthof Greul „Maurerwirt“, Marktplatz 6, Gästezimmer, Mo Ruhetag, Tel.: 07949/6260.

Für Familien mit Kindern sind besonders folgende bäuerliche Betriebe zu empfehlen: Bauernhof „Schwarz“, Kerschbaum 11, Tel.: 07949/6327, Reiterhof Stöglehner, Summerauer Str. 1, Tel.: 07949/6316. Ferienwohnung Pühringer, Summerau 34, Tel.: 07949/6504. Bauernhof „Toniböh“, Sonnberg 7, 4240 Freistadt, Tel.: 07942/76616.

➡ Nähere Informationen:

Mühlviertler Kernland, Hauptplatz 14, 4240 Freistadt, Tel.: 07942/75700.

Rybník

675 m Seehöhe, 80 Einwohner

Erster Ort links der Bundesstraße nach der Grenze Wullowitz. Bahnhaltestelle und Anfangs-/Endpunkt für Etappe 1.

➡ Sehenswürdigkeiten:

Gerstner-Denkmal am Bahnhof, gut sichtbarer Damm der Pferdeeisenbahn, Durchlass.

In der Nachbargemeinde Dolní Dvořiště interessante gotische Hallenkirche mit herrlichem Netzrippengewölbe.

Romantischer Bahnhof von Rybník

➡ Essen und Schlafen:

Pension Kaliste, man spricht Deutsch, Reiterpension, sehr gutes Essen, idyllische Lage. Ab Rybník mit gelben Tafeln gut ausgeschildert, ca. 4 km vom Bahnhof. Tel.: 0042/0336/324292, e-mail: penzion@najihu.cz.

➡ Nähere Informationen:

Gemeindeamt Horný Dvořiště, Tel.: 0042/0336/324208.

Unterweitersdorf

330 m Seehöhe, 1.600 Einwohner

Unterweitersdorf verbindet man unwillkürlich mit dem Gusental. Im März 2000 wurde ein Teil dieses wildromantischen Tales, durch das einst die Pferdeeisenbahn fuhr, zum Natur- und Landschaftsschutzgebiet erklärt.

Energielehrpfad

➡ **Sehenswürdigkeiten:**

Pferdeeisenbahn Erlebnislehrpfad im Gusental, Weiglmühle mit Mühlenmuseum (Eröffnung Sommer 2000), Fr–So 14.30–22 Uhr, Gruppen gegen Voranmeldung, Tel.: 07235/64653. Dorfkapelle, Franzosengrab Sonnleitenweg (direkt am Pferdeeisenbahn-Wanderweg), Lehrtafel Sonnenenergie. Zahlreiche Wander- und Radwege.

➡ **Essen:**

Am Wanderweg: Sportgasthaus Pirklbauer, Sportplatzstr. 1, Mo Ruhetag, Di–So 11–24 Uhr, Tel.: 07235/64090. Gasthaus Söser, Alte Bahn 23, ehemaliges Wachthaus in der Bürstenbachkehre, Fr–Mo 10–24 Uhr, Feiertags ab 10 Uhr, Tel.: 07235/63996. Im Ort: Gasthaus Preinfalk, Obere Dorfstraße 12, Mi–Fr 16–24 Uhr, Sa 10–24 Uhr, So 18–24 Uhr, Mo, Di Ruhetag. Gasthaus Peraus, Untere Dorfstraße 8, Mi Ruhetag, sonst 10–24 Uhr. Nahversorger Pacher, Untere Dorfstraße 2, Mo–Sa 7–12 u. 15–18 Uhr, Mi und Sa Nachmittag geschlossen. Jausenstation Winkler, siehe Sehenswürdigkeiten „Mühlenmuseum“, Seite 81.

➡ **Nähere Informationen:**

Gemeindeamt Unterweitersdorf, A 4, Tel.: 07235/63014-0.

Waldburg

685 m Seehöhe, 1400 Einwohner

➡ Sehenswürdigkeiten:

Pfarrkirche Hl. Magdalena mit den drei gotischen Flügelaltären (tägl. 8–16 Uhr). Im Ortsteil St. Peter: Filialkirche und Kalvarienbergkapelle. Gotische Bildsäule „Weißes Kreuz". Der Wald- und Wildtierlehrpfad ist besonders für Kinder zu empfehlen. Die mächtige doppelbögige steinerne Kronbachbrücke in Waldburg ist eines der bedeutendsten bautechnischen Relikte der Pferdeeisenbahn. Das ganze Jahr über Kultur- und Freizeitprogramm.

Kronbachbrücke

➡ Essen:

Wimbergerstüberl (Mo Ruhetag), Gasthaus Lang (Di Ruhetag), beide in Waldburg, und Gasthaus Brunngraber in St. Peter (Di, Mi Ruhetag).

➡ Nähere Informationen:

Gemeindeamt Waldburg, A-4240 Waldburg 38, Tel.: 07942/8300.

„Die Wirte im Pferdeeisenbahnland"

Sieben emsige Wirte bieten neben Köstlichkeiten aus Küche und Keller besondere Service-Leistungen rund um die Pferdeeisenbahn und die Museumsstraße. Spezialisiert sind sie auf das Ausrichten aller Arten von Festen und auf die kleinen Gäste. So essen Kinder unter dem 3/5 Klaftermaß gratis! Für Wanderer wichtig: Zu jeder Tageszeit gibt's mindestens drei warme Gerichte!

Gasthof Blumauer in Rainbach, Gasthaus Ochsenwirt in Neumarkt, Gasthof Mader in Lest, Gasthaus Dunzinger in Hirschbach, Hotel Goldener Adler in Freistadt, Gasthaus Pils in Eibenstein/Reichenthal, Gasthof Zur Pferdeeisenbahn in Kerschbaum.

Nähere Infos: Mühlviertler Kernland, Hauptplatz 14, A-4214 Freistadt, Tel.: 07942/75700.

Die 7 „Wirte im Pferdeeisenbahnland"

➡ Pferdeeisenbahnmuseum Kerschbaum:

Tel.: 07949/6800.

Geöffnet: Mai bis Oktober, Sa, So, Feiertags 10–16 Uhr, Juli und August auch an Werktagen 14–16 Uhr.

Technik und Leben der ersten Eisenbahner in Österreich.

➡ Pferdeeisenbahnmuseum Bujanov:

Tel.: 0042/0336/327054 (Gemeindeamt Bujanov).

Geöffnet Sa, So 9–12 und 13–16 Uhr. Besuche und deutschsprachige Führungen sind nach telefonischer Vereinbarung jederzeit möglich.

Informationen über die Geschichte der Pferdeeisenbahn und deren Relikte im Bezirk Krumau.

➡ Technisches Museum Wien:

Tel.: 01/899980.

Der einzige noch erhaltene Personenwagen der Pferdeeisenbahn, der 1.-Klasse-Wagen „Hannibal“. Diverse Pläne und Skizzen, Schaubilder über Baudenkmäler usw. im Depot.

➡ Landesarchiv Oberösterreich in Linz:

Tel.: 0732/655523-0.

Sammlung Bergauer, Pläne, Skizzen, Notizen, Tagebuchaufzeichnungen …

➡ Heimathaus Freistadt:

Tel.: 07942/72274.

Modell Pferdeeisenbahnhof Kerschbaum, kleine Auswahl an Schaustücken.

➡ Kammerhofmuseum Gmunden:

Tel.: 07612/794-244.

Modelle zum Thema Salztransport, Flößer …

➡ Südböhmisches Museum Budweis:

Tel.: 0042/0387/311528.

Diverse Dokumente.

Literaturtipps zur Pferdeeisenbahn

➡ Aschauer, Franz, „Oberösterreichs Eisenbahnen“, Schriftenreihe der OÖ Landesbaudirektion, Band 18, Wels 1964.

➡ Atzwanger, Martin / Spindler, Hans-Peter, „Die Pferdeeisenbahn und der Pferdeeisenbahnwanderweg“, Grünbach 1991.

➡ Bergauer, Franz, „Sammlung von Plänen, Bildern, Manuskripten und gedruckten Unterlagen über die Pferdeeisenbahn“, OÖ Landesarchiv Linz.

➡ Brunner, Johann, „Die Pferdeeisenbahn“, Rainbach 1996.

➡ Feiler, Karl, „Die alte Schienenstraße Budweis—Gmunden“, Wien 1952.

➡ Forsthuber, Gerhard, „Von der Salzstraße zur Schienenbahn“, Linz 1987.

➡ Pfeffer, Franz / Kleinhans, Günther, „Budweis—Linz—Gmunden, Pferdeeisenbahn und Dampfbetrieb auf 1106 mm Spurbreite“, Wien 1982.

➡ Pfeffer, Franz, „Oberösterreichs erste Eisenbahn“, Oberösterreichische Heimatblätter, Jahrgang 5, Heft 2.

➡ Sageder, Anton, „Rainbach im Mühlkreis“, Heimatbuch Rainbach i. M., o.J.

➡ Ulm, Benno: „Dokumente aus der Sammlung Franz Bergauer zur Eröffnung der Pferdeeisenbahn vor 150 Jahren“, Katalog zur Ausstellung des OÖ Landesmuseums, Linz 1982.

Register

Fotonachweis:

Atzwanger: 7, 25, 45, 51, 56, 67, 81; Brunner: 16, 29, 32, 36, 40, 52, 62, 63, 74: Gemeinde Gallneukirchen: 76; Gemeinde Rainbach: 79, 80, Gemeinde Unterweitersdorf: 82; Gemeinde Waldburg: 83, Gemeine Engerwitzdorf: 74; Harrand: 32, Lackner-Strauß: 83; Marktgemeinde Neumarkt: 79; MV Kernland: 14; Okolicsany: 21, 71; Steinlechner: Umschlag, 6, 8, 24, 40, 46, 57, 72, 80; TR Mühlviertel: 73, 75, 77; Traxler: 47; TV Linz: 78; Wiederstein: 77

Kultur und Natur im Mühlviertel und in Südböhmen

Ernst Miglbauer / Fritz Fellner
Freizeitführer Mühlviertel
144 Seiten. Ausflugstipps und Reiseziele
ISBN 3-85214-687-9

Hans Wall
Wandern im Mühlviertel
206 Seiten, 43 Rundwanderungen
ISBN 3-85214-473-6

Johannes Jetschgo
Südböhmen.
Ein Natur- und Kunstführer
168 Seiten, alle Sehenswürdigkeiten
ISBN 3-85214-547-3

Erika Kaftan
Wanderungen in der Sagenwelt des Mühlviertels
208 Seiten, 38 Sagenwanderungen
ISBN 3-85214-560-0